JN112292

経営情報学
理論と現象をつなぐ論理

木嶋恭一・岸眞理子〔著〕

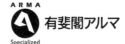

ARMA
有斐閣アルマ
Specialized

「経営情報学」の世界へようこそ。

経営情報学は，企業をはじめとするさまざまな組織を対象とし，組織を何らかの目標を追求する，広い意味での情報処理システムとしてとらえ，検討し，考察する学問領域です。

情報通信技術（ICT）が飛躍的に発展し続けている今日でも，企業をはじめとするさまざまな組織にとって，いかにICTやそれが生み出す多様で大量の情報によって，効率的・効果的に経営活動を行うかが，組織の存続や発展に関わる根幹の課題であることに変わりはありません。加えて，昨今のICTの劇的な進展は，ICTや情報が，もはや，競争優位や収益性を創出する手段であるだけでなく，その取り扱いそのものが，経営（マネジメント）であるという課題も突きつけています。

本書は以下の3つの特徴を備えることで，学習する皆さんが，経営情報学を「すっきりと」理解できるよう心がけました。

第1の特徴は，経営情報学を統一的な「ものの見方」に基づいて説明している点です。上に述べた社会・技術環境を背景に，経営情報学は，情報によっていかに経営するか，すなわち「情報で経営する」という基本的な問題意識に加え，情報そのものをいかに経営するか，すなわち「情報を経営する」という新たな視角も取り込んで日々進化しています。その扱う領域は広範で，しかも激しく変化しているので，表面的現象を追いかけると，一体何を学んでいるのかがわかりにくくなるという問題に直面します。これを克服するために，本書では，基本的枠組みとして「システ

i

ム的なものの見方」（システム思考）を採用することで，複雑で混沌として，しかも激動する対象領域を，網羅的というよりむしろ，体系的にとらえることを可能にしています。

第2の特徴は，理系，文系の研究者が議論を重ねて，何度もすり合わせながらひとつにまとめ上げたことで，これまでにない学際的で領域横断的な特徴を備えている点です。経営情報学には，人間・組織等の意思決定主体に対する人文・社会科学的な深い洞察，情報システム開発やアルゴリズム構築などを含む科学技術の知見とデザインマインド，さらには，組織の経営（マネジメント）に関する知識，を統合する三位一体のアプローチが求められます。そのためには，いわゆる文系，理系という枠を超えて，関連する学問分野の知見を動員して接近することが不可欠となります。

第3の特徴は，経営情報学のもつ理論と実践が，車の両輪のように相互に支え合い，作用しながら発展するという性質を強く意識している点です。経営情報学の基礎となる標準的な理論・モデルや概念について学び，さらに，ディジタル・トランスフォーメーション（DX）時代のICTが駆動する経営の実践から知見を得ることを通じて，現象そのものを理解する力を養うことを試みています。第I部と第II部の切り分けは，まさにそのための構成です。

本書では，まず，序章で，本書全体の基礎となる「システム的なものの見方」の概要を説明しています。第I部「経営情報学の理論とモデル」で，組織，意思決定，コミュニケーション，技術に焦点を当て，その基本的で標準的な理論やモデルを解説しています。ここでは，情報を経営にいかに利活用するか，いわば「情報で経営する」という経営情報学の標準的な切り口からア

プローチしています。第Ⅱ部「ICT が駆動する経営」では，現在の ICT の進展に伴い，情報はもはや経営の手段にとどまらず，経営の対象になっているという視点，すなわち「情報を経営する」という視点から，現実に見られる現象の理解に注力しています。最後に，終章で全体の総括と経営情報学の将来展望について検討しています。

究極的な組織の価値創造の要は，人間の知性と ICT の分析的な能力の統合にあります。人と ICT をシームレスに協働させる，組織の情報処理活動を対象とした学問領域である経営情報学が，DX 時代の今日こそ，強く求められる所以です。

これから社会に出ていく，経営学を学ぶ学生の皆さんはもちろん，それ以外の広範囲の分野の学生の皆さんにも，経営情報に対するものの見方を提供する教科書として，このコンパクトな一冊を学習していただきたいと思います。加えて，まさに DX 時代を駆け抜いている社会人の皆さんにも，現象の変化に翻弄されることなく，すっきりと現象を理解するための一冊として，本書を手に学習していただきたいと思っています。

最後になりましたが，本書執筆のきっかけを与えていただいた放送大学学園の皆さまに心から感謝を申し上げます。さらに，本書の編集においては，株式会社有斐閣の藤田裕子さんに本当に親身にサポートしていただきました。ここに改めて藤田さんに謝意を表します。

2022 年 12 月

木嶋 恭一・岸 眞理子

著者紹介

木嶋 恭一 (きじま きょういち)

序章, 1章, 3章, 6章, 8章, 9章, 終章担当

東京工業大学大学院理工学研究科博士課程修了, 工学博士

同大学大学院社会理工学研究科教授を経て, 現在, 東京工業大学名誉教授, インドネシア・バンドン工科大学客員教授

専門分野　社会システム工学, とくに意思決定システム科学, システムマネジメント

主要著作　"Generalization of Law of Requisite Variety," in K. Kijima et al. eds. *Systems Research I*, Springer, 2022.

　　　　　Handbook of Systems Sciences（共編）, Springer, 2021.

　　　　　"Systems Perspectives on the Interaction Between Human and Technological Resources"（共著）, in M. Toivonen and E. Saari eds., *Human-Centered Digitalization and Services*, Springer, 2019.

　　　　　Service Systems Science（編著）, Springer, 2015.

　　　　　『エージェントベースの社会システム科学宣言：地球社会のリベラルアーツめざして』（共著）, 勁草書房, 2009 年。

　　　　　『ホリスティック・クリエイティブ・マネジメント』（共編著）, 丸善出版, 2007 年。

岸 眞理子 (きし まりこ)

序章, 2章, 4章, 5章, 7章, 終章担当

早稲田大学大学院商学研究科商学専攻博士後期課程単位取得, 博士（商学）.

現在, 法政大学経営学部教授, 法政大学大学院経営学研究科教授, 放送大学客員教授

専門分野　経営情報論, 経営組織論

主要著作　『メディア・リッチネス理論の再構想』中央経済社, 2014 年。

　　　　　"Perception and Use of Electronic Media: Testing the Relationship Between Organizational Interpretation Differences and Media Richness," *Information & Management*, Vol. 45, No. 5, 2008.

　　　　　『営利と非営利のネットワークシップ』（共著）, 同友館, 2007 年。

　　　　　『情報技術を活かす組織能力：IT ケイパビリティの事例研究』（共編著）, 中央経済社, 2004 年。

　　　　　『組織能力革命：持続的競争優位の戦略モデル』（共著）, 同友館, 2004 年。

目　次

第 II 部 ■ ■ ■ ICT が駆動する経営

第 6 章　*ICT と問題解決*　　145

Column 一覧

序章 経営情報学の考え方

● 本章のポイント ●

経営情報学は，これまで，情報技術（ICT：Information and Communication Technologyあるいは IT：Information Technology）を利活用することで，いかに多様で大量な情報を効率的・効果的に処理するかを経営の根幹に関わる重要な課題として，関連諸領域の理論やモデルも援用しながら記述・説明することを試みてきた。その一方で，昨今の企業を取り巻く技術環境の急速な進展は，情報を経営するという新たな実践的な視点にも目を向ける必要性を示している。

本書は，このように激しく変化し複雑で多岐にわたる経営情報学という学問領域に接近（アプローチ）するための統一的な枠組み，ものの見方，視座を与えることで，これを「すっきりと」首尾一貫したかたちで理解することを大きな目的としている。激動する現実に向き合う学問領域であるがゆえに，理論やモデルと実践とを貫く枠組みが何にもまして求められると確信するからである。

序章では，本書全体の準備として，経営情報学という学問領域について説明した後，統一的な考察の枠組みとして，システム的なものの見方（システム思考）について解説する。さらに，対象をシステムとしてとらえるときの注目点であるシステム特性について解説し，最後に本書のアプローチと構成について述べる。

経営情報学　システム的なものの見方　システム思考
オープンシステム　全体性と創発特性　複雑性と階層性
コントロールとコミュニケーション　適応　自己組織化

KEYWORDS

1 経営情報学という学問

経営情報学は,「経営」という視点から,企業をはじめとして地方自治体,NPO,政府などのさまざまな組織を対象に,①それを取り囲む環境の中で遂行される広い意味での情報処理活動を記述・分析し,関連する諸領域の知見も援用しながら理論化・モデル化するとともに,②そのような理論やモデルによって現実の事象を読み解き説明し,③そこから得た実践的知見から理論やモデルの進化・再構築を試みる学問領域である。

組織経営において情報がもつ役割の重要性は論をまたない。実際,経営活動に情報をいかに利活用するかについて,企業組織における情報処理,とくに意思決定,コミュニケーションとの関わりを中心に,いわば「情報で経営する」視点から多くの研究が進められてきた。

一方で,最近のインターネットをはじめとするICTやディジタル技術,それがもたらす社会状況の急激な変化を背景に,その情報技術的側面だけでなく,ICTが企業組織のみならず社会全体に与えるインパクトや,ICTが新たな価値を生み出す社会的・経済的・文化的イノベーションを理解することがいっそう求められている。そこでは,情報はもはや経営の手段であるだけはなく,情報の取り扱いそのものが経営活動となっている。つまり,「情報を経営する」という視点からICTの進展と経営との関係を理解することが求められているのである。

このような経営情報学は,2つの大きな特徴をもつ。まず,その扱う領域は,組織,情報,知識,技術,情報システム,コミュ

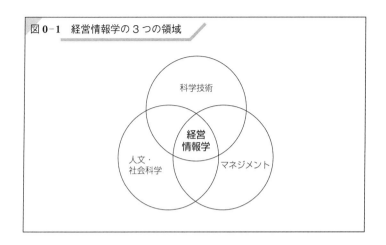

図0-1 経営情報学の3つの領域

（ダイアグラム内テキスト）

科学技術

経営情報学

人文・社会科学

マネジメント

ニケーション，意思決定，問題解決，戦略，イノベーション，価値創造など多岐にわたる。そのため，いわゆる文系・理系の枠を超え，それらを融合させながら接近する，学際的で領域横断的なアプローチが求められる。

　具体的には，人間・組織等の意思決定主体に対する人文・社会科学的な深い洞察，情報システム開発やアルゴリズム構築などを含む科学技術の知見とデザインマインド，さらには，組織の経営（マネジメント）に関する知識を統合する三位一体のアプローチが求められる（図0-1）。

　さらに，経営情報学は刻々と変わりゆく現象を記述し理解するとともに，それを超えて，現実の組織に介入してその問題解決に資する実践的な知見も求められる。この意味で，経営情報学は課題解決型学問であるということができる。

2 システム的なものの見方

> システム的なものの
> 見方とは

さまざまな学問領域を孤立させることなく関連する知見を総動員し融合するためには，それらにまたがる共通の言葉が必要となる。そのような役割を果たすのが**システム的なものの見方**である。領域横断的なシステム的なものの見方は，人文・社会科学にも科学技術にもまたマネジメントにも広く共通の概念として用いられている。

分野に依存しない中立的な言語を操るシステム的なものの見方を経営情報学の基本的枠組みとして採用する点は，本書の最大の特徴である。これにより，広範でさまざまな要因が絡み合って複雑であるだけでなく，非常に速いスピードで変化する現象を対象とする経営情報学の全体の見通しが良くなり，議論の対象となる多様な領域全体を横断し関係づけ統一的に全体を見渡すことで，鳥瞰的な理解を得ることができる。

昨今，経営と情報の関わりについて先駆的で領域横断的な接近を行ったサイモン（H. A. Simon）が改めて注目されている。サイモンは，システム的なものの見方を共通言語として用いて，問題解決，ソフトウェア工学，認知科学さらには複雑系の分野で，一般問題解決機構の仕組みを作り，コンピュータと心理学の境界を研究し，思考・記憶など心の働きの情報表現や情報処理に関して膨大な研究を行い，ノーベル賞を授与された巨人である。本書でもその考え方にしばしば言及し，その現代における示唆を吟味することになる。

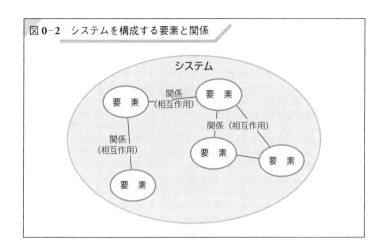

図 0-2　システムを構成する要素と関係

システム

要　素
関係
（相互作用）
要　素
関係（相互作用）
関係
（相互作用）
要　素
要　素
要　素

　さて，システム的なものの見方とは，端的には，ある対象を「複数の構成要素が互いに関係し合いながら全体性・一体性をもったひとかたまり」として認識する態度である。このようなひとかたまりをシステム*と呼ぶのである（図 0-2）。

　このようなシステム的なものの見方は，もともと複雑性の取り扱い（dealing with complexity）を旗印にしている（Flood and Carson, 1993）ことからも，ヒト・モノ・カネ・情報が複雑に絡み合った（関係し合った）経営情報学の課題を取り扱うためにきわめて適した見方といえる。

　システム的なものの見方の基本的態度は，認識論である。す

---

* システム（system）　「互いに関係づけられ結合されることで一体性や全体性を形成する，何らかのものの集まりないしは配置」が，システムという語のいわば最小公倍数的な定義であり，最も素朴なシステムの定義である（Webster's New World Dictionary による）。

なわち，「対象がシステムである (is a system)」「システムがそこに存在している」というより，「対象をシステムとしてとらえる (as a system)」という認識の仕方である。それが有意味なことかどうかは別にして，原理的には，対象が何であっても，システムとしてとらえることはできる。

　対象をシステムとしてとらえる際に，次に行うことは，何をシステムとしてとらえるかということである。システムとして認識されるべき思考の対象と，思考の外に置くもの（これを「環境」と呼ぶ）を識別すること，すなわちシステムの境界の設定が，システム的なものの見方として重要なステップとなる。

| オープンシステムと |
| クローズドシステム |

　この境界に関連して，オープンシステム，クローズドシステムの概念が区別される。

　オープンシステムとは，環境との間に物質・エネルギー・情報の交換（相互作用）があり，しかもその交換が自らの維持・発達に必要不可欠であるようなシステムである。細胞，有機体，生態系，企業などは，オープンシステムとしてとらえられるのが普通である。一方，クローズドシステムとは，環境との間に交換がないか，あるいはあってもそれは自らの存続に必ずしも必要ではないようなシステムで，外界から影響を受けず真空中で運動する物体などは，クローズドシステムとして議論することが多い。

　情報理論は，オープンシステムが外界からエネルギーを吸収し，それを一定のパタンや構造に転換していく過程を，エントロピー（無秩序の程度）の減少という視点から説明する。クローズドシステムでは環境との相互作用がなく，時間とともにエントロピーは増大し，究極的には混沌とした無秩序状態が生じるのに対して，

オープンシステムでは情報やエネルギーを取り入れることで，エントロピーの増大を抑え込むことができるというのである。この文脈で情報やエネルギーは，「負のエントロピー（negentropy）」と呼ばれる。

構造とプロセス

オープンシステムにせよクローズドシステムにせよ，その構造とプロセスに注目することは重要である。構造に注目するとは，いくつかのパーツ・要素で構成されたまとまりのある全体がどのようにつながり，関連しているのかを明らかにすることであり，一方，プロセスへの注目とは，その対象が実行する一連のイベントを明らかにすることである。建築「構造」という語からイメージできるように，構造が時間の流れの中で比較的に不変の何らかの「パタン」であるのに対し，プロセスは時間の流れの中で変化する動的な振る舞い，あるいはそのシステムが実行する機能を記述する概念である。たとえば，企業組織の構造はしばしば組織図として表現され，階層構造，ネットワーク構造，マトリックス構造等が識別される。また，その企業組織のさまざまな業務や意思決定は，それが遂行する典型的なプロセスとしてみることができる。

入出力システムと目標追求システム

オープンシステムは，入出力システムと目標追求システムとに区別することができる。入出力システムは，何らかの入力が取り込まれ，これを変換し何らかの出力を行う仕組みを表現する（**図 0-3**）。たとえば，ジュースの自動販売機は，コインあるいは紙幣を投入（入力）するとジュースと必要に応じておつりを排出（出力）する，典型的な入出力システムとしてとらえることができる。

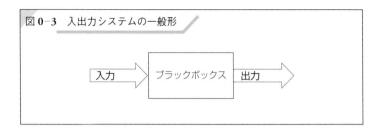

図 0-3　入出力システムの一般形

入力　ブラックボックス　出力

　このとき，入力を原因，出力を結果と見ることができるので，入出力システムは因果関係を表現するシステムと考えることができる。物体の落下など自然科学が対象とする現象は因果関係により説明され，物体の落下は，その物体に重力という原因が作用し落下という結果に変換される入出力システムとして表現される。対象を入出力システムとしてとらえる際，システム内部に関心を置かないときには，その入出力システムはブラックボックスと呼ばれることがある。

　一方，目標追求システムは，事象の振る舞い・活動を何らかの目標を追求する行為として説明する（木嶋・柴・田中他編，1997）。経営情報学では，組織を目標追求システムとしてとらえるが，その一般形は図 0-4 で示される。より具体的で詳細な説明は第 1 章で行うが，目標追求システムは，環境と相互作用し，環境から非制御変数がシステム内のプロセスに入力される。同時に，このプロセスには，システム内の意思決定と情報システムによりもたらされる制御変数も入力され，その 2 つの入力変数により成果が生み出される。そしてその成果は，意思決定と情報システムにフィードバックされ，将来の決定変数に影響を与える。

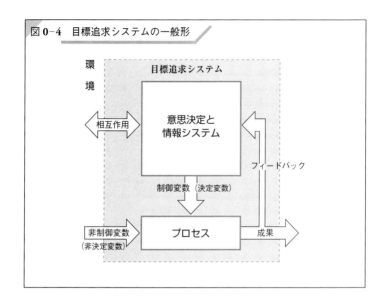

図 0-4　目標追求システムの一般形

環境

目標追求システム

意思決定と情報システム

相互作用

フィードバック

制御変数（決定変数）

非制御変数（非決定変数）

プロセス

成果

---

3 システム特性

●対象をシステムとしてとらえるときの注目点

　対象をシステムとしてとらえる**システム思考**は，具体的には，次に述べるような対象のシステム特性（systemic properties あるいは systemicities ともいう）に注目して対象を理解しようとする見方・態度である（Checkland, 1999）。

全体性と創発特性

　全体性と創発特性は，最初に注目すべきシステム特性である。システム思考は，その対象（システム）に含まれる要素とその相互作用に注目する。要素とともに相互作用を重視し，それこそがシステムとしての一体性・全体性を生み出す要であるとする。

　システムの性質は個別の構成要素の性質からは必ずしも導くこ

とができないとして，要素間の相互作用こそがシステムのシステムたる性質を生み出していると考える。このような考えを全体論（ホリズム）という。そして，構成要素の特性に還元できないシステムの特性は創発特性（emergent properties）と呼ばれる。

　全体論の主張は，システム全体の性質には，各構成要素の性質が完全にわかったとしてもそれだけでは明らかにできない剰余的な性質が存在するという主張であり，これは「全体は部分の和よりも大きい」とギリシャ時代に主張したアリストテレスの言明にまで遡る。この剰余部分が創発特性というわけである。たとえば，酸素と水素が化学結合して生じる水というシステムは，酸素も水素も有していない摂氏0度で固体化し，100度で沸騰するなどの性質をもっているが，これは水のもつ創発特性である（Checkland, 1999）。

　また，スポーツチームでのチームワーク効果も，創発特性の具体的な例である。たとえば，サッカーチームを考えるとき，そのメンバー間の関係性によってチーム全体の能力は大きく作用される。同じ1の能力をもつ11人のプレイヤーについて，その関係性によって全体が11ではなく15になったり10にもなったりするのである。このチーム全体の能力と各要素メンバーの能力の和との差（4や−1）を，創発特性とみるのである。

　創発特性は，経営の世界では，端的に「木を見るだけでなく森も見よ」「鳥瞰的に（鳥の目で）対象を全体としてとらえよ」といったスローガンとしてしばしば強調され，この文脈で相乗効果・シナジー効果として議論される。部分最適，全体最適[*]といった概念も全体性・創発特性に言及したものである。

システムのもつ**複雑性と階層性**も重要な
システム特性である。システム的なもの
の見方が「複雑性の探求」を旗印に研究
が進められてきた（Flood, 1993）ことからもわかるとおり，複雑
性の概念は「システム」の最重要の研究主題である。

　複雑性の解明は，時間概念のそれと匹敵するほど困難といわれ
ているが，経験則として，サイモンは「複雑性はいつも階層のか
たちで現れる」と指摘している（Simon, 1997）。すなわち，複雑
なシステムは，いくつかの下位システムから成り立ち，その下位
システムも各々それ自身の下位システムから成り立ち，順次その
ように構成されているとみるのが妥当であるというのである。つ
まり，システムを，ロシア人形マトリョーシカのように，入れ子
構造をなしていると認識するのである。システムに含まれるシス
テムを部分システム，システムを含むシステムをスーパーシステ
ムと呼ぶ。環境は，システムにとってひとつのスーパーシステム
である（**図 0-5**）。どのレベルをシステムとしてとらえるかは，
システム認識のポイントであるが，一般に，広い範囲を対象とす
れば，複雑性の程度は上がり分析の解像度が低下する。

　複雑性と階層性は密接な関係にあり，また，システム研究の大
きな関心が複雑性にある以上，階層性は重要なシステム特性と考
えられている。また，下位レベルのシステムがもたない性質が上
位レベのシステムで発現するという創発の考え方から，階層性と

＊

全体最適　「システム全体として最適な状態」を指し，組織として最もパフォー
　マンスを発揮できる状態のことを意味する。一方，部分最適とは「システムの
　ある部分のみが最適な状態」のことを指し，システムの一部に着目して効率化
　を図った状態を意味する。

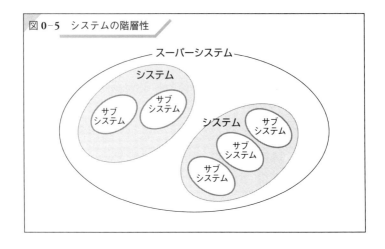

図 0-5　システムの階層性

スーパーシステム

システム

サブシステム

サブシステム

システム

サブシステム

サブシステム

サブシステム

創発性が密接に関連していることもわかりやすい。

　このように対象を，階層構造をもつオープンシステムとして理解しようとするときに，注目すべきシステム特性が，**コントロールとコミュニケーション**である（Checkland, 1999）。階層を維持するために，調節（regulation）ないしは調整（coordination）が必要となり，そのためには，コントロールとコミュニケーションが不可欠となるからである。

| 適　　応 |

目標追求システムの構造やプロセスを比較的長期的な視点から見たときに注目すべきシステム特性が，適応と自己組織化の概念である。

　適応とは，システムがそれを取り巻く環境の中で，環境の変化に応じて自らの構造や目的・前提を変える機能を意味する。ここで，適応が環境の変化に応じて行われると規定されることに注意すべきである。ここが後に述べる自己組織化と大きく異なる。

　適応では，システムを安定的に制御することが求められるので，

そこで重要となるのが，負のフィードバック（ネガティブ・フィードバック）の考え方である。これは，目標と現状の差を感知し，その差を打ち消すような行動をとることにより実現される。たとえば，船が計画された航路に沿って進もうと左に舵を切ったとき，目標のコースから左にそれ過ぎたときには，これを修正するために右に舵を切り直し目標に合わせようとする。これにより今度は船が右に少しそれると逆に左に舵を切り直す。このように目標との差を縮めるかたちで安定的な制御を目指すのが負のフィードバックの考え方である。また，恒温動物が異なった環境に置かれても体温を一定に保つなど同一の平衡状態を保つ体温維持機構はホメオスタシスと呼ばれるが，外界の温度変化を感知すると筋肉を動かすなど，その影響を打ち消し自己安定化を図る行為は，典型的な負のフィードバックの例である。

　システムの適応を説明するシステム概念として，ネガティブ・フィードバックと並んで，アシュビー（R. Ashby）が提唱した「最小多様性の法則（Law of Requisite Varieties）」が重要である（Ashby, 1958）。この法則は，組織と環境との関係に関して，「（システムのもつ内部）多様性のみが（環境のもつ外部）多様性を打ち破る」と主張する。多様性は，システムあるいは環境の「取りうる状態の数」として定義される。すなわち，少なくとも環境の多様性と同等の多様性をシステムが内在しなければ，システムは環境を制御できないということである。一方で，内在させる多様性が増えれば一般にコストが増大するので，環境の多様性とバランスする最小の多様性を備えるのが最も有効というわけである。

　適応を，安定と変容という互いに矛盾するように見える2つのプロセスの相互作用として記述するモデルに「パナーキー

（Panarchy）」がある（Holling, 2001）。このモデルは，システムのタイプを問わずそのライフサイクルは，「成長（growth）」「保全（conservation）」「解放（release）」および「再構築（reorganization）」の４つのフェーズからなる継続的な適応サイクルを形成すると主張する。この継続的な適応サイクルは，たとえば，森林のような自然システムであれば，種が落ちてそれが広がり森林が生長し保全されるが，やがてその成長も飽和を迎え，森林としての姿を消す。そして，再び新たな種から次の世代の森林が再生していくプロセスとして記述される。また，新製品の市場投入のプロセスにおいては，その製品が市場に投入され，ある程度のシェアを得て市場に普及していくが，やがて飽和状態を迎えそのシェアは頭打ちになり，ついには市場から姿を消す。しかしながら，また新たな改良された新製品が導入され，同様のパタンをたどるのである。

自己組織化

適応に対して，環境変化に説明の根拠をおかず，システム自身の構造あるいはプロセスの変更を記述するのが**自己組織化**という考え方である。すなわち，自己組織化とは，システムが既存の秩序に代えて新しい秩序をつくり出すこと，システムが自己を新しく生成し，自ら方向を与えることである。

　環境変化に依拠することなくシステムの構造やプロセスが自発的に変化していく現象を説明するのは，きわめて難しい問題である。なぜなら，プログラムするものとされるものが同一の自己言及的なシステムでは，新たな組織化はありえず，自己組織化は「純粋な自己組織化の論理的不可能性」という問題に直面するからである。

この問題を解決するためのひとつの考え方は，攪乱要因が「正のフィードバック（ポジティブ・フィードバック）」を通じて新たな秩序を形成し，システムをダイナミックに変容させていくとする見方である。ポジティブ・フィードバックとは目標と現状の差をさらに増幅する現象で，たとえば，マイクがスピーカーの音を拾って生じるハウリングの現象は，その典型的な例である。また，授業時間中に学生同士が話を始めると，先生がその話し声に打ち勝つためにより大きな声で話すようになる。すると，学生側も先生の声に対抗するためにさらに大声で雑談をするようになる。このようにして互いに声量が上がっていくのも，正のフィードバックの例である。

　それまでシステムにとって，安定からの逸脱を招き有害として切り捨てられてきた何らかの攪乱要因（ノイズ）に由来するポジティブ・フィードバックこそが，自己組織化を促すという考え方のきっかけとなったのは，マルヤマが提唱した「セカンド・サイバネティックス」であった（Maruyama, 1963）。セカンド・サイバネティックスは，正のフィードバックによる逸脱増幅的な相互因果プロセス（形態生成）が自己組織化をもたらすとしたのである。

エコシステム，持続可能性，生存可能性

　エコシステムとは，そのシステム内の要素が互いに依存しつつ，その生存を維持しようとするシステムである。エコシステムという概念は，生物の生態系（エコシステムの訳語）の類推（アナロジー）で，本来は，同じ領域に暮らしている生物が，互いに依存し合って生きている状態を意味する。ほとんどの生物はひとつの種のみでは生きることができない。大気や気候，土壌と

いった環境から栄養を吸収している微生物，そしてそれを捕食する虫，さらにその虫を捕食する動物など，生物は互いに依存しつつ連鎖を形成して生きている。もし，ひとつの種が滅べば，その種に依存している生物から連鎖的に生態系全体のバランスが乱れる可能性が大きい。ここで，微生物・虫・動物という要素は連鎖的依存関係を構築して，全体として「生存可能（viable）」で「持続可能（sustainable）」なシステムを維持している。このようなシステムがエコシステムである。

　先に述べた，パナーキー，自己組織化などの概念は，システムを構成する個々の要素だけでなく，エコシステム全体の「回復力（レジリエンス：resilience）」を説明するための重要な理論的視点である。第8章ではいくつかの企業や組織が，生存可能性・持続可能性を目指して連鎖的依存関係を構築して全体として価値を創出する仕組みを検討している。

4 本書のアプローチと構成

実証主義的アプローチと
解釈主義的アプローチ

実証主義は，いわゆるデータを根拠に理論をつくっていこうとする立場である。企業など考察の対象は客観的に観察可能であり，観察可能な根拠に基づき，モデルや理論が構築可能であるとし，得られた理論やモデルが真であるために，実証されることが必要であるとされる。いわゆる「合理的」で「科学的」なこの立場は，現代の多くの学問分野で主流となっている考え方で，工学・技術は典型的にこの立場をとる。

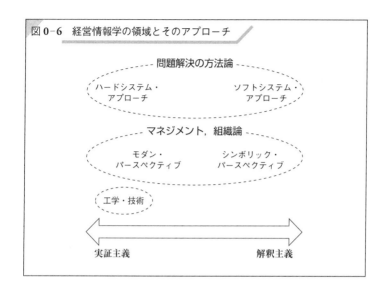

図0-6 経営情報学の領域とそのアプローチ

--- 問題解決の方法論 ---

ハードシステム・アプローチ　　　ソフトシステム・アプローチ

--- マネジメント，組織論 ---

モダン・パースペクティブ　　　シンボリック・パースペクティブ

工学・技術

実証主義　　　　　　　　　　解釈主義

　これに対して，解釈主義によれば，現実は社会的に構成されたものであり，ひとつだけのリアリティがあるわけではなく，多様なリアリティが存在するとされる。実証主義で目指される「観察」に対して，解釈主義では「理解」することが重要となる。

　経営情報学においても大きくこの2つのアプローチがある。第Ⅰ部で述べる目標追求システムモデル，経営組織論，経営戦略論におけるモダン・パースペクティブ，あるいは第Ⅱ部の問題解決方法論のハードシステム・アプローチなど，本書の大部分は，前者の立場に基づいている。

　ただし，第2章，4章，5章で組織，コミュニケーション，技術を論じるときには，観察に基づく解釈を取り入れたシンボリック・パースペクティブをモダン・パースペクティブと比較して言及している。また，第6章で問題解決の方法論を論じる際にハー

ドシステム・アプローチと対比して言及するソフトシステム・アプローチも，解釈主義的なアプローチである（図 0-6）。

本書の構成　　経営情報学の対象となる経営活動は，時代・社会の状況とともに拡大し，情報システム，コミュニケーション，意思決定活動，イノベーション，価値創造など広範囲に及ぶ。本書はこれらの広範な領域を網羅的に扱うのではなく，システム的なものの見方という統一的な視点から，第 I 部では，これまで蓄積されてきた基礎的で標準的な理論やモデルを解説し，第 II 部では，現在進行中の生々しい現象の理解を試みる。

　第 I 部「経営情報学の理論とモデル」では，組織，意思決定，コミュニケーション，技術に焦点を当て，その基本的で標準的な理論やモデルを解説する。経営に情報をいかに利活用するか，いわば「情報で経営する」という共通の切り口からのアプローチを行っており，これは，経営情報学の従来からの標準的な研究の視点である。

　具体的には，まず第 1 章「組織のシステムモデル」では，経営における情報のとらえ方を説明するとともに，組織を情報処理システムとしてとらえるモデルを考察する。第 2 章「経営情報と組織」では，これまで組織の情報処理の実践を説明するとされてきた基礎理論をもとに，主として経営組織論や経営戦略論から理論やモデルを解説する。第 3 章「経営情報と組織の意思決定」と第 4 章「経営情報と組織のコミュニケーション」では，それぞれ組織の情報処理の根幹となる意思決定とコミュニケーションについて説明する。第 5 章「経営情報と技術」では，広い意味での技術について検討し，情報技術をとらえ直す手がかりを探す。

第 II 部「ICT が駆動する経営」では，現在の ICT の進展のインパクトに着目し，情報はもはや経営の手段にとどまらず，経営の対象になっているという視点，すなわち「情報を経営する」という視点から検討を進める。

　1960 年代半ばから ICT の画期的な進展があるたびに，情報革命や情報社会革命の名のもとに，いくたびかの革新ブームが生まれてきた。1990 年代末からは，コンピュータだけでなくインターネットを中心とした ICT の驚異的な高性能化と普及によって，ネットワーク革命，新情報社会革命，さらに，昨今では，ディジタル革命，IoT（Internet of Things：もののインターネット）革命，第 4 次産業革命，AI 革命など多種多様の革新的概念・技術が展開している。

　このような社会状況を踏まえて，AI 技術，ビッグデータ分析などディジタル化と ICT が業務プロセスや情報システムに与えるインパクトの理解と考察を行い，ディジタル・イノベーションがもたらす企業経営や社会に関わる論点を検討し，サスティナビリティなどの社会的価値の創出に向けた課題に取り組む観点が社会的にも強く求められている。

　そこで，第 II 部では，まず第 6 章「ICT と問題解決」で現実世界に介入し問題解決を行う方法について説明する。これは企業へのコンサルティングの方法論にも通じるもので，工学的なアプローチを含めて，実践的な知見も検討する。続いて，第 7 章「ICT と組織変革」では組織変革の実践を，ネットワークというシステムに焦点を当てて，組織そのものと組織の構成員である人に着目して検討する。

　第 8 章「ICT と価値創造」では，新しい学問分野であるサー

ビス・サイエンスの基礎を，情報技術によりさまざまな価値を生み出すプロセスに焦点を当てて検討する。第9章「超スマート社会と情報経営」では，現在の最強のビジネスモデルのひとつであるプラットフォーム・ビジネスやシェアリング・エコノミーについて，システム的な視点からそのマネジメントを議論する。

　最後に，終章「総括と将来展望」では，これまで述べてきた内容を総括・整理し，経営情報学の今後の課題について展望する。

⚘ *Column* ⓪ 規範論・記述論・処方箋的アプローチと科学的推論 ⚘

　経営情報学には，大きく3つの研究方法が必要となる。第1は，規範的アプローチ（normative approach）と呼ばれるもので，現実を観察分析し，一般化・抽象化することにより，一貫した論理に基づいて，あるべき姿を理論やモデルとして打ち立てようとする研究方法である。第2は，記述的アプローチ（descriptive approach）と呼ばれ，人々の実際の行動や現象を記述・解明しようとする研究方法である。第3は，現実の問題状況を改良・改善するために，手立て・提言を提案しようとする処方的アプローチ（prescriptive approach）である。処方的アプローチは，規範的アプローチによって提起された理論・モデルを，記述的アプローチによって現実世界に適用することにより，その改善を主目的としている。まさに医師が患者の快復のために提案する処方箋にたとえられるものである。もちろんこの3つの研究方法は個別で独立的なものではない。終章で説明するように，経営情報学は，これら3つの研究方法を合わせてトランスレーショナル・アプローチと呼ばれるアプローチを標榜している。

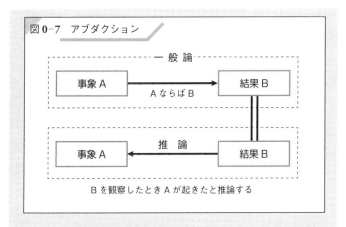

図0-7 アブダクション

一般論

| 事象 A | AならばB → | 結果 B |

推論

| 事象 A | ← | 結果 B |

Bを観察したときAが起きたと推論する

　一方，科学的に物事を考え推論する方法として，大きく演繹法，帰納法，アブダクションがある。演繹法とは，一般論に基づき特殊な事象の結果について推測する方法である。すでにわかっている事実から理論を展開するので，厳密な仮説を導出するのに適しており，多くの数学的な推論や規範論のベースになっている。たとえば，一般論として「すべての人間は死ぬ」が成り立つので，「ソクラテスは人間である」という特殊な言明から，故に「ソクラテスは死ぬ」と推論する三段論法は，典型的な演繹法である。

　帰納法とは，複数の事象とその結果から規則性・一般論を導き出し推測する方法である。ただし，たとえば数多くの同様な事象が観察されたからといって，その次にも同じパタンが出現するとは言い切れないので，帰納法だけでは複数の事象の因果関係の証明はできないことに注意すべきである。記述論ではこの帰納法に基づいて，一般性・規則性を抽出しようとすることが多い。

　アブダクションは仮説的推論と呼ばれるもので，事象の結果と一般論から推測する方法である。起きた結果から仮説を導き

出すという点において，ものごとの課題を明確化したい場面や，原因を究明したい内容を説明する際に役立つ推論といえる。今，一般論として「事象Aならば結果B」が知られているときに，結果Bが観察されたとする。アブダクションは，そのときにAが起きたと推論する方法である（図0-7を参照）。結果からの推測になるために，実際の経営問題の状況においても，すでに起きた結果からその原因を振り返る際に有効な方法である。

文献案内　　　　　　　　　　　　　　REFERENCE

木嶋恭一・岸眞理子編著 (2019)，『経営情報学入門』放送大学教育振興会。

　🖊 本書と同様な立ち位置から，経営情報学の視点と，その基本的なトピックを理論と実際の両面から幅広く取り上げ解説する入門書。

P. チェックランド著，高原康彦・中野文平・木嶋恭一他訳 (2020)，『ソフトシステム方法論の思考と実践：問題認識を共有し組織や仕組みの改善と発展に繋げる』パンローリング社。

　🖊 経営情報学へのシステム的な考え方の基礎となる，システム哲学から始まり，システム科学の歴史と発展の系譜，さらには問題解決の基本的な考え方までが，広く深く説明されている。本書の基盤となる「システム的なものの見方」を理解するのに最適の1冊である。

木嶋恭一・出口弘編 (1997)，『決定するシステム』システム知の探求1，日科技連。

　🖊 システム理論の立場から経営情報学を多面的に議論している。

第 I 部

経営情報学の理論とモデル

第1章 組織のシステムモデル

● 本章のポイント ●

　本章では，持続可能性（サステナビリティ：sustain-ability）と生存可能性（バイアビリティ：viability）を追求する組織を，情報処理の観点から説明する3つのモデルを紹介する。

　まず，情報をデータや知識と区別したうえで，組織を広い意味での情報処理システムとしてとらえるために「目標追求システムモデル」を説明し，情報処理と意思決定の役割について解説する。ついで，目標追求システムモデルの解像度を高めた（ズームインした）モデルで，実際の情報システム構築の規範としても用いられている「生存可能システムモデル（VSM）」を紹介する。これは，生物との類推（アナロジー）の視点から，組織が生存可能（viable）であるために必要な機能と構造を記述するモデルである。さらに，組織を目標追求システムモデルよりさらに広い視点から眺め（ズームアウトして），当該組織とそれを取り巻く環境との関係を記述するための「エコシステム・モデル（生態系モデル)」を紹介する。

データ・情報・知識　　オープンシステム　　目標追求システムモデル　　多様性　　生存可能システムモデル　　エコシステム・モデル

KEYWORDS

1 情報のとらえ方

　情報は，一般に，特定の状況における価値が評価されたデータとしてとらえられる。一方，データとは，人が利用することができる事実，材料で，特定の問題状況に関していまだその価値や意味が評価されていないものである。人は問題解決の必要が生じたときに，データを問題と関連づけて評価し，データの集積の中から問題解決に役立つものを見出す。いわば，データを情報に変換するのである。

　さらに，知識とは，将来起こりうる問題に関する一般的に利用可能なルーティンやプログラムであり，多くの情報から一般的で普遍的な法則を抽出したものである。情報が状況依存・価値依存であるのに対して，知識はより一般性・普遍性があり，より広い範疇（はんちゅう）の状況や意思決定主体に利用可能である。

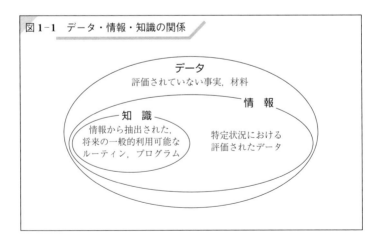

図 1-1　データ・情報・知識の関係

データ
評価されていない事実，材料

情　報
特定状況における
評価されたデータ

知　識
情報から抽出された，
将来の一般的利用可能な
ルーティン，プログラム

このように，**データ・情報・知識** の概念は階層構造（包含関係）をなしているととらえられる（図1-1）。

2 オープンシステムとしての組織

オープンシステム
としての組織

組織を，それを取り巻く環境に対して開いた **オープンシステム** としてとらえることは多くの場合適切であろう（図1-2）。

序章で述べたように，オープンシステムとは，環境との間に，物質，エネルギー，情報などの交換（相互作用）があり，しかもその交換が自らの維持・発達に必要不可欠なシステムである。とくに経営分野では，相互作用の具体的内容は，ヒト，モノ，カネ，情報のいわゆる経営資源としてとらえられる。

環境と接しながら存在する組織は，環境からの影響に対する受動的な行動だけでなく，環境への能動的な働きかけも行い，組織と環境の間には，双方向の相互作用が仮定される。また，環境も，基本的に，組織が直接的に制御できない変数から形成されるもうひとつのシステムである。

組織をオープンシステムとしてとらえることにより，組織は孤立して存在するのではなく，たとえば，経営資源のやり取りという相互作用を通して，供給者（サプライヤー），競争企業，顧客等が形成する環境の中で，それらとネットワーク状につながって活動する状況を浮き彫りにできる（第4章参照）。

組織を環境との相互作用との観点で考察しようとすれば，どこまでを組織と考え，どこからを環境と考えるかという，境界をど

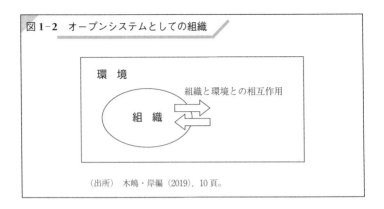

図 1-2　オープンシステムとしての組織

環　境

組織と環境との相互作用

組　織

(出所)　木嶋・岸編（2019），10頁。

のようにとらえるかが最初の論点となる。これは自明な問いでは
ないし，組織が環境を創造し，それは絶えず変化するという考え
方もある（第 2 章参照）。たとえば，企業の場合には，それを取
り巻く環境の構成要素として，一般には，供給者（サプライヤー），
競争企業，関連官庁などの当該企業の利害関係者，加えて，その
企業に関連する技術，経済，社会の状況などが考えられるだろう。
ここで，系列企業を組織の内側と考えるのか，外側としてとらえ
るのか，また，顧客を組織の中に含めるのか，株主はどうか。組
織を広くとらえれば，その視点は包括的になるものの，その分析
はより複雑になるのが一般的である。考察の目的や視点に依存し
て，境界を注意深く設定しなければならない。一般に，考察範
囲が広くなればなるほど議論の精度は落ちるのが普通である。

情報処理システム
としての組織

次に，オープンシステムとしての組織を
より解像度を上げて（ズームイン）眺め
てみると，広い意味での情報処理システ
ムとしてとらえることができる。すなわち，組織を，情報を獲得

し，伝達し，意味形成し，貯蔵するなど，いわゆる情報処理して，組織目標の達成に向けて，意思決定し問題解決を行う，情報処理システムとしてみるのである。そこで組織が追求する目標は，組織に受動的に与えられるだけでなく，主体的・自律的に内部で形成されるものもあり，その形成メカニズムは，その組織を特徴づける重要なポイントである。

　組織目標を追求するためには，意思決定機能や問題解決機能と，これを支援する情報技術（ICT）に依拠した情報システムとの相互作用が重要となる。情報技術に依拠した情報システムとは，典型的には，情報技術に支えられたハードウエアやソフトウエアなどの目に見えるかたちで構築される，いわば「機械」としての情報システムを意味する。この機械系情報システムを，「情報システム」または「経営情報システム」と呼ぶことが多い。

　経営情報システムについては，そこで用いられる情報技術の性能とそれに与えられる役割・意味がとくに注目される。歴史的にみても，1960 年代には伝統的な経営情報システム（伝統的 MIS），1970 年代には意思決定支援システム（DSS），1980 年代には戦略的情報システム（SIS）などが開発され一世を風靡した（第 5 章参照）。ネットワーク革命を経て，昨今の情報技術，とくに AI（人工知能）やビッグデータ解析の急速な技術進歩は，情報システムが支援する意思決定や問題解決の能力を代替ないしは補完する範囲と深さを飛躍的に高めている。

　このことは，同時に，組織がいかにして効率的で効果的な情報システムを設計・構築・運用するかが，きわめて重要な課題となることを意味している。実際，情報技術の飛躍的発展を背景に，経営と情報システムの相互作用に注目して人間系と機械系をいか

にして相互補完的に設計するかは，今日の経営情報学の最もホットな話題のひとつとなっている。

3 目標追求システムモデルと生存可能システムモデル

目標追求システムモデル
───────────

目標追求システムモデルは，組織を何らかの目標を追求する広い意味での情報処理システムととらえ，階層的意思決定機能と環境との相互作用とに焦点を当てたモデルである（**図 1-3**）。

　ここでは，組織は，図の右側の大枠で囲ったように示され，その内部に階層的意思決定機能と，その決定の対象となる業務プロセスが設定される。さらにその外部には，組織が直接的に制御できないと考えられる環境が設定される。

　たとえば，企業の業務プロセスには，環境から，為替や金利など当該組織が直接的に制御できない変数（非制御変数）が入力されるとともに，投資計画，製品開発プランなど，この組織の意思決定から得られた決定変数（操作変数）が投入される。業務プロセスは，この2種類の変数から何らかの成果（結果）を生み出し，それを意思決定機能へとフィードバックする。フィードバックされた情報は評価され，新たな意思決定の資料となる。業務プロセスでは，第5章で検討する広義の「技術」が問題となる。

　意思決定機能は選択レベル，適応レベル，自己組織化レベルの3つの階層と情報システムから構成される。最も下位の選択レベルでは，目的が与えられ，事実と価値に関する前提のもとで，「望ましい」選択が行われる。選択された行動プランは，操作変

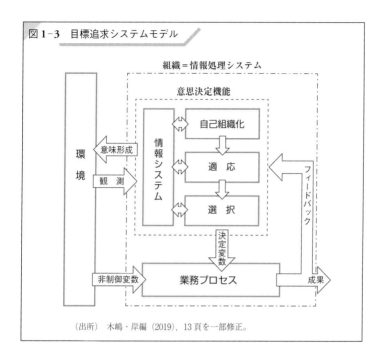

図1-3　目標追求システムモデル

組織＝情報処理システム

意思決定機能

環境

意味形成

観測

情報システム

自己組織化

適応

選択

フィードバック

決定変数

非制御変数

業務プロセス

成果

(出所)　木嶋・岸編 (2019), 13頁を一部修正。

数として業務プロセスで実施され，環境からの非制御変数の影響を受けながら，何らかの成果を生み出す。ここでの基本的課題は，決定の結果の望ましさをどのように定義するか，そして，いかに効率的にそれを達成するかである。

　しかし，選択レベルで所与とされる意思決定の目的と前提は，環境の変化やその他の理由から，変更や更新が求められることが一般的である。外部環境の認識に基づき自らの意思決定の目的と前提あるいは，自らの構造を受動的に規定するのが，選択レベルの上位に位置する適応レベルである。

　この適応レベルに関連して，序章で述べたアシュビーの「最小

多様性の法則」が 本質的に重要である（序章参照）。この法則は，組織と環境との関係に関して，「（組織のもつ内部）多様性のみが（環境の持つ外部）多様性を打ち破る」と主張している。すなわち，少なくとも環境の多様性と同等の多様性を組織が内在しなければ，組織は環境を制御できないということになる。環境変化が激しく，その多様性が高いときには，環境状況に応じて，十分に取りうる手（状態の数＝多様性）を備えなければならないということになる。

　その手段として 2 通りが考えられる。ひとつは，内部多様性を高めることであり，「多様性の増幅」と呼ばれる。企業の例をあげるならば，組織内に多様で異質なもの（たとえば，多様な人材や異質の能力をもった人材）を外部から取り入れたり，組織内のコミュニケーションの質的量的革新により組織内に存在する多様な資源の連結を高めたりすることは，内部多様性の増幅の有効な手段である。もうひとつの手段は，外部多様性を下げることであり，「多様性の縮減」と呼ばれる。企業の例でいえば，M&A（合併・買収）を通して，従来は制御できない外部変数であった競争企業，サプライヤー等を内部化することにより，これらの行動を制御可能とすることがこれに相当する。多様性の増幅と縮減により環境への適応を設計する研究は多様性工学と呼ばれている（Beer, 1995）。

　適応レベルのさらに上位に位置する自己組織化レベルは，自分自身の形態や構造を自律的に変化させる機能を有する。自己組織化は，環境からの影響に依存せずに，組織が組織のメカニズムに依処して，組織自身を変化させることをいう。したがって，自己組織化は，環境決定的でもなければ環境適応的でもなく，文字ど

おり自己決定的な性質をもつ。

　意思決定機能の内部には，さらに，ICT に依拠したいわゆる情報システムが想定される。これらが階層的意思決定機能と結合し，外的環境と自らの成果をモニターするインタフェースとして機能する。情報システムと選択・適応・自己組織化の各レベルとが高度に相互作用して，組織の維持と発展が可能になる。

　さらに，目標追求システムは，環境からの影響を受動的に観測し受け取るだけでなく，環境に対して能動的に働きかけ，情報を解釈し，情報に意味を形成し，さらには知識の創造を行う。これは，とくに問題を探索し発見し解決するうえで，きわめて重要な活動である。

　　　　　　　　　　　　　　目標追求システムモデルは組織をとらえ

生存可能システム
モデル
　　　　　　　　　　　　　　るうえで最も基本的なモデルであるが，
　　　　　　　　　　　　　　その解像度を高め，組織の生き残りと持続可能性のための機能と構造に焦点を当てたモデルに，**生存可能システムモデル**（VSM：Viable System Model）がある。

　システム科学ときわめて近い思想に基づき「生物と機械における制御と情報伝達の科学」として 1950 年代にウィーナー（N. Wiener）により提唱されたサイバネティックス（Wiener, 1961）は，次第に工学から社会心理学・社会学・文化人類学へとその研究対象を拡大してきた。その中で，機械と頭脳と社会の間にあるアナロジー（類推）に注目した組織サイバネティックスという実践的学問領域が生まれてきた。組織サイバネティックスは，組織の観察される行為の背後にある深層メカニズムとある種の一般法則を解明することを目指し，経営情報学にも大きな影響を与え，経営や組織の研究と問題解決に適用されるようになっている

(Beer, 1981；1995)。組織サイバネティクスで，あらゆる生き残りを目指す組織に適用できるモデルとして提唱されたのが VSM である。

　システムが設計されたときに予想もしなかった環境の変化に対して適応可能のとき，そのシステムは生存可能（viable）と呼ばれる。組織が生存可能性を得るための最も困難な点は，その環境に存在する極度の不確実性（非制御変数）である。生存可能であり続けるためには，組織は直面する複雑な環境が要求する十分な多様性を確保する必要がある（最小多様性の法則）。環境のもつ潜在的な多様性は，システムのそれを圧倒する恐れがあるので，上述したように，生存可能性を確保するためには多様性の増幅と縮減が必要である。

　VSM の提唱者ビアー（S. Beer）によれば，すべての生存可能システムは，次の 5 つの機能システム 1 からシステム 5 を階層的に備えていなければならない（図1-4）。システム 1 は環境に直接的に行為を実施するいわば実働部分であり，膨大な環境の複雑性を吸収するため自律的であることが求められる。すなわち，システム 1 自身が生存可能システムでなければならず，この意味でVSM は入れ子構造をもつことになる。

　システム 2 は，システム 1 内の主要な活動が相互にコミュニケーションをとれるようにして，システム 1 を協調的に機能させる調整の役割をもつ。

　また，システム 3 はシステム 1 の活動をモニターして調整するための情報チャンネルの役割を果たす。システム 3 は，システム 1 の活動ルール，資源，権利，責任を確立したうえで，その制御管理の役割を担うとともに，システム 4 とシステム 5 とのイン

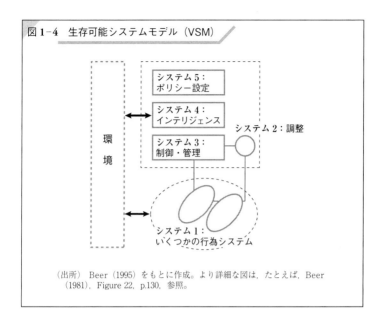

図1-4 生存可能システムモデル (VSM)

```
                    ┌─────────────────┐
                    │ システム5:      │
                    │ ポリシー設定    │
            ┌───────┼─────────────────┼────────────┐
            │       │ システム4:      │            │
    ┌╌╌╌╌╌╌╌│╌╌╌╌╌╌╌│ インテリジェンス│   システム2:調整
    ┊       │       │ システム3:      │     ○      │
  環 ┊     ←┤→     │ 制御・管理      │─────○      │
  境 ┊       │       └─────────────────┘            │
    ┊       └────────────────────────────────────┘
    ┊              ╭╌╌╌╌╌╌╌╌╌╌╌╌╮
    ┊     ←┤→     ┊  ⬭  ⬭      ┊
    ┊              ╰╌╌╌╌╌╌╌╌╌╌╌╌╯
    ┊          システム1:
    ╌╌╌╌       いくつかの行為システム
```

(出所) Beer (1995) をもとに作成。より詳細な図は，たとえば，Beer (1981)，Figure 22，p.130，参照。

ターフェースを提供して，組織の内部的な安定性に究極的な責任をもつ（オーディティング機能）。

　システム4は，インテリジェンス機能をつかさどり，システム5と下位レベルのシステム間の情報伝達を行い，あわせて，空間的・時間的な環境に関する情報を獲得して，外的情報と内的情報が統合される。これにより，組織が存続するためにどのように適応する必要があるかを監視する役割を担う。

　システム5は　この組織システム全体のポリシーの設定に責任をもち，組織全体の舵取りをするために，組織の最終的な方針決定を行うことで組織全体のアイデンティティーを確立する。

　さらにVSMは，組織の本質的な構成要素（システム1からシステム5まで）と情報チャンネルの間に多様性のバランスを成立さ

せなければならないと主張する。バランス達成の究極のカギを握るのは，その組織が追求する目標である。この目標も外部から一方的に定まるのでなく，内部的な機能や環境により課せられる制約の中で，システムが自律的に策定する。

　このように VSM は，目標は与えられるものではなく，それを変えていくことを強調し，異なったレベル間および組織と環境の間の情報チャンネルの接合に多くの注意点が払われている。

　VSM は，多様性の高い環境内において新しい組織システムを設計する際の指針，あるいは既存の組織システムの構造と機能のチェックリストとしても有用である。実際の状況を VSM と比較検討して，対象としているシステムの構造やプロセスが生存可能性や有効性を確保するものがあるかどうかをチェックするのである。実際，VSM は組織の有効なコンサルティングのツールとして政府機関や企業において広く用いられており，組織を生存可能にするために情報システムをどのように展開するかに有用な示唆を与えるモデルとなっている。

　このように，目標追求システムモデルが組織の意思決定機能と情報システムとの関係に重点を置くシステムモデルであるのに対して，VSM は環境への適応による組織の生き残りのための組織の構造と機能に焦点を当てており，これらの2つのモデルは相互補完的なモデルとなっている。

4 エコシステム・モデル

　目標追求システムモデルは，組織とそれを取り巻く環境との相

互作用に焦点を当てるモデルであるが，その視野を広げて（ズームアウトして），環境において他の組織など利害関係にあるシステムの構成に目を向け，環境の中で組織をひとつの構成要素として取り扱うのが，エコシステム・モデル（生態系モデル）である。

エコシステム・モデルは，組織を，それを取り巻く他者との関係に注目する静的な構造的エコシステム・モデルと，組織が環境の中で生き残り存続していく様を記述・分析する動的エコシステム・モデルに識別される。

構造的エコシステム・モデル

本来，エコシステムは生物の生態系を指し，動植物の食物連鎖や物質循環といった生物群の循環系を意味する。そこから転化して，現在では，経済的な依存関係や協調関係，産業構造といった，組織間の連携関係全体を表すために用いられる。

とくに企業組織の場合，企業とその環境を形成するさまざまな利害関係システムが，協力，敵対，供給，連携など，さまざまな関わり合いをもちながらネットワークを形成している様子が表現される。たとえば，製造業の企業における，製品の原材料・部品の調達から販売に至るまでの一連の流れであるサプライチェーンは，典型的な構造的エコシステムを構成する。ここでは，当該企業と他社（部品メーカーや材料メーカー，協力会社，さらには配送業者や卸業者，小売業者など）をつなぐモノの流れ（フロー）のつながり（ネットワーク）が焦点となる。

構造的エコシステム・モデルを用いて，環境の社会的・経済的・技術的あるいは文化的な属性と，組織とそれを取り巻く利害関係システムの関わり合いを示すネットワーク構造を記述・考察することができる（図1-5）。実際，業界を越えた連携により複

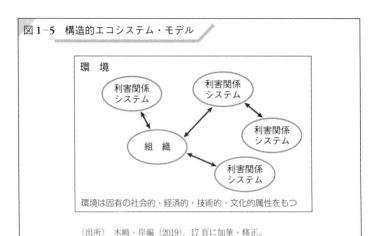

図 1-5　構造的エコシステム・モデル

環　境

利害関係システム

利害関係システム

利害関係システム

組　織

利害関係システム

環境は固有の社会的・経済的・技術的・文化的属性をもつ

(出所)　木嶋・岸編 (2019)，17 頁に加筆・修正。

数の企業や団体がパートナーシップを組み，それぞれの技術や強みを活かしながら，業種・業界の垣根を越えて共存共栄（ウィン・ウィン）するビジネス創造を目指す仕組み（ビジネス・エコシステム）の構築は，現実の問題解決の大きなテーマである。

　グローバル化や ICT の進化に加えて，法規制のドラスティックな変化もありうる状況下では，従来の核となるビジネスを守り続けるという姿勢では一般に不十分であり，多様な強みをもつ，業種や業界を越えた利害関係システムがつながったスーパーシステムを形成することが必要になるかもしれない。構造的なエコシステム・モデルは，多様性をもった中で共存共栄するスーパーシステムの形成を分析・実現するための有力なモデルである。

動的エコシステム・モデル

　一方，動的エコシステム・モデルは，組織と他の組織との「動的な」関係について注目し，組織がそれを取り巻く環境の

中で，いかにして，生存可能性，持続可能性を維持していくかを分析・記述する。持続可能性の維持には，環境に適応することにより生き残ってゆくとともに，生物学における突然変異に相当するような構造変容（相変容）が必要なこともある。適応のプロセスについては序章で述べたパナーキーのモデルが示唆的である。

さらに後述するように，組織の持続可能性の実現にとって重要なイノベーションを論じる際には，漸近的イノベーション（適応）と，急進的イノベーション（構造変容）の両者を議論することが求められる（第8章参照）。

Column ❶ システム思考とアナロジー

対象をシステムとしてとらえるシステム思考のひとつの特徴としてアナロジーの考え方がある。アナロジーの考え方は「類推思考」とも呼ばれ，2つ以上の物事の間にある共通点に着目し，考えている対象・課題に応用する思考の仕方である。アナロジーの考え方のポイントは，両者の構造ないしはプロセスに焦点を当て，一方の構造あるいはプロセスを他方の対象に対応させ，その構造あるいはプロセスを理解するのである。この意味でも，システムの構造とプロセスの概念が，システム思考の基盤となる考え方であることがわかる。

この構造とプロセスの対応を意識することで，的確なアナロジーが可能となり，他の領域との類似性を推論する際に，精度の向上をもたらすことができる。たとえば，物理学において単振子という機械系の挙動とコンデンサーの電圧という電気系の挙動は，同一の微分方程式で表現でき，両者間ではアナロジーが可能となる。

システム思考の具体的なアナロジーの例として，組織を生物体としてとらえる見方がある。たとえば，本章で紹介したVSMは，明確に人間や動物の脳のメカニズムを参照している。また，序章で述べたように，パナーキーは，生物の誕生から死滅まで，あるいは，新商品の市場投入から退出までなど，あらゆる適応システムのライフサイクルに共通する過程として提案されている。さらに，Living Systems（Miller, 1978）を典型とする一般システム理論は，さまざまなシステムに共通性を見出し，その共通性を徹底的に解明しようとする傾向が顕著である。

　ただ，アナロジーの有用性の一方，その限界についても十分留意する必要がある。

文献案内　　　　　　　　　　　　　　　　　REFERENCE

木嶋恭一・岸眞理子編著（2019），『経営情報学入門』放送大学教育振興会。

　✎　経営情報学における目標追求システムの基本的な役割について議論している。

木嶋恭一・出口弘編（1997），『システム知の探求1：決定するシステム』日科技連。

　✎　目標追求システムについてシステムの観点から多面的に解説した古典的な教科書である。

第**2**章 経営情報と組織

● 本章のポイント ●

　本章では，情報処理システムとしての組織に関して，理論パースペクティブの転換に留意しながら，経営情報学を展開する舞台となる，組織に関する主な理論を整理する。

　組織の情報処理の実践を説明する経営学の基礎理論は，経営組織論や経営戦略論を中心に検討されてきた。経営組織論と経営戦略論は，ともに経営学における中心的な研究領域であり，当初，経営組織論では企業組織内部のマネジメントの問題が，経営戦略論では企業組織を取り巻く外部環境へのマネジメントが中心課題であった。しかし，今日では両者は相互に影響を及ぼし合いながら研究領域を融合しつつある。本章では，現実世界のとらえ方の違いを意識しながら，経営組織論と経営戦略論において，とくに経営情報学と深く関わっている部分について概観する。

モダン・パースペクティブ　　シンボリック・パースペクティブ
経営組織論　　近代組織論　　コンティンジェンシー理論　　組織の情報処理モデル　　組織化のモデル　　経営戦略論　　競争戦略論　　ポジショニング・ビュー　　資源ベース・ビュー　　戦略化

KEYWORDS

1 2つの理論パースペクティブ

　概念と概念の関係性を明らかにすることで理論は構築されるが，理論と理論とを，さらに大きなまとまりで括るものが理論パースペクティブである。理論パースペクティブは，現象を定義し，理論化し，研究する方法が類似していることから生まれる接近法である。ここではハッチ（M. J. Hatch）にならい，**表 2-1** に示す主に 2 つの理論パースペクティブを意識しながら，経営情報を取り扱う際に基礎となる，組織や戦略に関する理論を整理する（Hatch, 2013）。

　モダン・パースペクティブ（modern perspective）は，現実世界は，客観的に存在するという立場にたち，真理は，現実の因果関係の説明に焦点を当てて，現象の原因と結果を解明することから接近できると考える。この理論パースペクティブでは，組織は客観的かつ現実的に存在するものであり，考察する対象の因果関係の実証のために，主に定量的なデータ分析を行うことが最も典型的な研究アプローチとなっている。

　シンボリック・パースペクティブ（symbolic perspective）は，現実世界は，主観的な認識から切り離して存在するものではないという立場にたち，真理は，知識をもつ主体による主観的経験や多様な解釈を通じて社会的に構築されるものであると考える。この理論パースペクティブでは，組織は，メンバーのシンボリックな相互作用によって再構築されるものとなる。この発想は，モダン・パースペクティブの限界を意識し，たとえば**経営組織論**の対象も，文化，ナラティブ（説話），意味形成などを含むものと

表2-1　モダン・パースペクティブとシンボリック・パースペクティブ

	モダン・パースペクティブ	シンボリック・パースペクティブ
現　実	すでに存在している唯一のもの	社会的に構築された多様なもの
組　織	現実世界で機能する客観的な実在	メンバーのシンボリックな相互作用によって絶えず再構築されるもの
接近方法	実証主義	解釈主義

（出所）Hatch（2013），pp.15, 48, 邦訳 24, 81 頁より作成。

なっている。

　序章の第4節で示したように，モダン・パースペクティブは，組織を現実世界で機能する客観的な実在としてとらえ，実証主義的なアプローチをとるのに対し，シンボリック・パースペクティブは，組織は社会的な相互作用によって絶えず再構築されるシステムとしてとらえ，解釈主義的アプローチをとる。

　以下では，モダン・パースペクティブとシンボリック・パースペクティブを意識しながら，経営における情報処理の実践を説明するうえで重要な基礎理論を学習する。

2 経営情報と経営組織論

近代組織論における
意思決定

経営情報学を理解するうえで重要な論理基盤となった **近代組織論** の中核は，モダン・パースペクティブに位置づけられ

る。その祖であるバーナード（C. I. Barnard）はモダン・パースペクティブ前史に位置づけられるが，組織の意思決定の問題を取り上げ，組織の情報処理に関する体系的な理論を形成した。バーナードは，組織を「2人以上の人々の意識的に調整された活動や諸力のシステム」（Barnard, 1938, p.73, 邦訳76頁）として定義し，個人的・組織的意思決定と組織均衡の問題を取り上げている。

　近代組織論の中核をなすサイモンは，意思決定における合理性の問題に着目して，意思決定への科学的接近を試みた（Simon, 1997）。サイモンは，企業における経営行動の核心が，どのような行動をとるべきかを判断すること，すなわち意思決定であると指摘し，情報処理プロセスとして意思決定プロセスに着目した。サイモンは意思決定を，問題状況を見出し，問題解決のための可能な代替案を作成し，代替案の実行結果を予測し，それらを，ある選択基準に基づいて評価し，代替案の中から特定のものを選択する一連のプロセスとしてとらえた（第3章参照）。

　もし人間が全知全能であれば，最適化基準に基づいて完全に合理的な意思決定を行うことができる。しかし，実際には，人間の認知能力や情報処理能力には限界があるので，「限定された合理性（bounded rationality）」のもとで意思決定を行うことになる。限定された合理性とは，代替案の作成能力，代替案の結果に関する予想能力，代替案の選択基準の設定能力において人間には限界があることを意味している。つまり，現実の意思決定は，選択の結果について一定の受容可能な希求水準を満たす満足化基準に従って行わざるをえない。

　限定された合理性しか持ちえない人間は，直面する問題状況を一定の範囲に制限することで，できるだけ合理性を高めるための

仕組みを必要とすることになる。組織における分業による専門化や階層化による活動範囲の制限は，こうした仕組みとして機能する（March and Simon, 1958）。

　また，意思決定のタイプは戦術的意思決定と戦略的意思決定に分類される。戦術的意思決定は，その解決の手順が明確で，反復的に発生する問題に対するものである。こうした意思決定については，従来，コンピュータの利活用によって迅速化や能率化を促してきた。一方，問題解決の手順が不明確な，はじめて遭遇するような問題に対しては，戦略的意思決定が行われることになる。この対応には，人間の思考や判断がより重要となる。今日では，ICT の進展により，意思決定への ICT の貢献範囲は拡大しつつある（第 3 章参照）。

コンティンジェンシー理論

　1960 年代に登場した**コンティンジェンシー理論**（contingency theory）は，オープンシステムとしての組織観を明確にもつものであり，それまで探究されていた，唯一かつ最善の組織構造の存在を否定し，「望ましい」組織構造は環境要因に依存するという，まさに状況適応的であると主張した。この理論は，モダン・パースペクティブの立場から，基本的に，客観的に存在する環境と組織特性を取り上げ，具体的には，コンティンジェンシー要因（状況要因）と，主として組織構造との適合関係によって，組織の有効性（組織目的の実現の程度）が確保されることを検証した（図 2-1）。

　しかも，初期のコンティンジェンシー理論は，たとえば，タスク環境，技術，規模といった単一のコンティンジェンシー要因を取り上げ，ある特定のコンティンジェンシー要因と，組織構造に

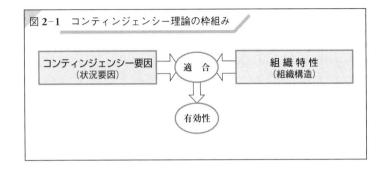

図2-1 コンティンジェンシー理論の枠組み

コンティンジェンシー要因
（状況要因）

適　合

組　織　特　性
（組織構造）

有効性

代表される組織特性との有効な適合関係を，主として実証研究から明らかにしていくというものであった。つまり，実際には，限られた範囲を客観的なものとして取り扱う，結果志向的なものであったといえる。

　このように，コンティンジェンシー理論は，実証研究に基づく事実発見から，コンティンジェンシー要因と組織特性との経験的適合関係を明らかにするものであり，なぜそのような関係が成立するのかを説明するものではなかった。そこで，このような適合関係がなぜ成立するのかという説明原理確立の要請に応えようとして登場したものの1つが，**組織の情報処理モデル**（OIPT：Organizational Information Processing Theory）である。組織の情報処理モデルは，コンティンジェンシー理論の流れの中で，近代組織論の影響を受け，情報に着眼し，情報を媒介として，別々に扱われていた多様なコンティンジェンシー要因の統合を図ろうとした。

組織の情報処理モデル

組織の情報処理モデルは，ガルブレイス（J. R. Galbraith）によって確立された（Galbraith，1973；1977）。組織は，直面している環境から，組織

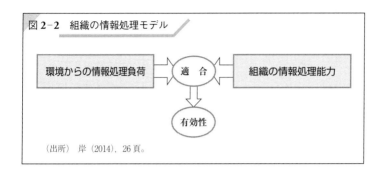

図2-2　組織の情報処理モデル

環境からの情報処理負荷　　適　合　　組織の情報処理能力

有効性

（出所）　岸（2014），26頁。

として処理しなければならない，さまざまな情報処理負荷を課せられている。組織は，この負荷に対処できるように，多様な仕組みを備える能力をもつことで，有効性を確保しようとする。このような基本的な考えに基づき，組織の情報処理モデルは，情報に着目し，組織の環境への適応行為を，組織が情報の「不確実性（uncertainty）」に対処する行為として把握した。つまり，不確実性に対処しうる組織の情報処理能力を展開させることが，組織の有効性を導くと考えた（**図2-2**参照）。

　ガルブレイスは，組織が情報を処理しなければならない理由を，組織が活動していくために必要な情報量と実際に組織がすでに入手している情報量とに差があることに求め，この差を不確実性として明確に定義した。通信工学では情報を量として取り扱う研究が展開されていたが，ガルブレイスはこれを援用して，組織が情報処理活動を行う根拠として，情報量の欠如，すなわち不確実性の存在に着目した。

　情報処理負荷への組織の対処方法には2通りが考えられる。1つは情報処理負荷を下げる努力を行うこと，もう1つは組織の情報処理能力を上げることである。「最小多様性の法則（Law of

Requisite Variety)」を組織の文脈で議論する組織サイバネティックスでは，前者を外部多様性の縮減，後者を内部多様性の増幅と呼んでいる（序章参照）。組織が必要とする情報量が欠如し，不確実性が大きくなれば，組織はそれだけ多くの情報を処理しなければならなくなり，それに対応して組織の構造も変えなければならない。つまり，組織のかたちに差があるのは，組織が情報量の欠如に対して，実際に対処する方法に差があるからであると説明される。このように，組織の情報処理モデルの基本的な枠組みは，環境からの情報処理負荷と組織の情報処理能力との適合関係によって，組織の有効性が確保されるというものである（Galbraith, 1973）。

　ガルブレイスのモデルは，組織全体としてどのように情報処理活動を行っているかを，情報処理システムとしての組織について検討したものといえる。このモデルは，モダン・パースペクティブに位置づけられるコンティンジェンシー理論の流れから，組織の情報処理を検討するものであり，その後の研究に多大な影響を与えるものではあったが，基本的には，客観的に存在する環境への組織の受動的な適応を問題とし，組織の主体的な環境解釈という視点を取り込むものではなかった。

情報の不確実性と
多義性

ガルブレイスによって確立された組織の情報処理モデルに対して，その後，さまざまな立場からその精緻化が試みられた。組織と環境との関係についての理解も，環境の変化に組織が受動的に適応するという考え方から，ネオ・コンティンジェンシー理論の影響もあり，徐々に，組織の戦略的選択といった，組織が環境に主体的・能動的に働きかけるという側面を重視するものが

展開していった（Child, 1972）。このような展開は，情報を画一的で一義的なものとしてとらえるだけでは，組織の環境適応のメカニズムを扱いきれないということを引き出すものとなった。つまり，情報の量的側面だけでなく，組織が情報からいかなる意味をつくり出すか，情報にいかなる意味を与えるかという，組織が主体的に解釈や意味形成を行うという側面を重要視する議論が展開されることになった。

　情報は，コンテクストによって評価され，意味が創造される性質をもつものである。コンテクストに対して多元的対立的な解釈が存在しうるなら，情報は多義的なものとなる。「多義性（equivocality）」が高いとは，意見がくい違い，混乱して理解できないこと，「はい」か「いいえ」という二者択一の質問では問いきれないことを意味する。このような状況下では，問題が何であるかは不明であり，また，たとえ問題が設定されたとしてもそれに対する解を見つけだすことは困難である。そこで組織は，組織の機能を妨げないレベルまで，多義性を削減しなければならないことになる。

　組織の情報処理モデルは，環境からの情報処理負荷として，情報の不確実性への対処に加えて，情報の多義性への対処も明示的に加えることで，1980年代には，組織の情報処理を統合的な組織の調整活動という視点から説明するものとして精緻化されている（Daft and Lengel, 1984；1986）。不確実性は，前述したように情報量の欠如という問題を取り扱うのに対して，多義性はある状況なりメッセージが複数の意味をもつこととして，相互理解の欠如という問題を取り上げる。組織は，不確実性を削減するために，明確に定まった問題の解決に必要な情報を収集しなければならな

い。一方，多義性を削減するためには，当事者間で解決すべき問題を明確化し，一時的にせよ互いを理解し合意することが求められる。

　組織の情報処理モデルは，環境がもたらす情報処理負荷である情報の不確実性と組織の情報処理能力との量的な適合を重視したものから，情報処理負荷として情報の多義性という意味的側面にも着目することによって，組織の情報処理を，組織の解釈，情報の意味を創出するプロセスを含むものまで射程に入れた。解釈の問題を包含したことは，組織が社会的なシステムであることからも，1つの情報処理システムとしての組織の現実的な説明力を増すものとなった。組織の情報処理モデルは，解釈の問題を取り込むことを試みることによって，より主体的でダイナミックな情報処理プロセスを認識することの重要性を示唆している。さらに，これは，環境が，主観的経験や解釈を通じて社会的に構築される存在であるという発想に通じている。このモデルは，モダン・パースペクティブの立場のもとで，解釈主義の視点を加える試みをしていることから，クロス・パースペクティブへの挑戦を試みたものともとらえられる（*Column* ❷ 参照）。

　また，組織の情報処理モデルは，情報技術による情報処理機能に偏重することなく，情報の意味を主体的に解釈する人間の情報処理機能を相補的に扱うことの重要性を考慮すべきとする論理基盤にもなっている。今日，AI の発達が，人間の機能を代替しうるようになるかが大いに議論されているが，組織の情報処理モデルは，ICT の実際と可能性を踏まえたうえで，人の英知と ICT の分析的能力をシームレスにつなぐ体系化を求めるための理論の嚆矢<rt>こうし</rt>のひとつとみなされる。

組織と組織化

組織とは何か。最もよく使われる定義のひとつは，前述した，近代組織論の祖とされるバーナードのものである。バーナードは，組織が成立するためには，組織メンバー間に，共通の目的，協働する意欲，そしてコミュニケーションが存在することが不可欠であるとした。それ以来，企業はひとつの組織であるという考え方が長く浸透してきた。すなわち，組織は直面する環境と明確な境界をもつものとして理解されてきた。

しかし，1960年頃からオープンシステムとして組織をとらえる動きが活発となり（第1章参照），70年頃になると，組織を静態的に把握するのではなく，よりその動態性に着目する動きが活発になった。組織ではなく「組織化（organizing）」について検討するモデルは，シンボリック・パースペクティブの立場から提唱された。ワイク（K. E. Weick）は，静的・客観的な構造としての組織ではなく，意味を形成する組織化のプロセスに着目している。組織化への着目は，前述した組織の情報処理モデルが，多義性という概念を取り込んで精緻化される契機になったものでもある（Weick, 1979；1995）。また，第7章 *Column* ❼で説明する「SECIモデル」の誕生にも影響を及ぼしている。

組織化とは「意味形成（sensemaking）」であり，ワイクによると，あるものをフレームの中に置くこと，納得すること，驚きを物語にすること，意味を構築すること，共通理解のために相互作用すること，パタン化することとして説明される。組織そのものではなく組織化に着目することで，静態的な構造ではなく，意味を形成するダイナミックなプロセスが重視されるようになる。また，組織は，組織が直面しなければならない環境を自ら解釈し，

構築していく意味形成のシステムであり，それは常に変化するものとしてとらえられるようになった。

　意味を形成する組織化のプロセスとは，多義性を削減するプロセスである。組織は，多義性，すなわちインプットが有している多様な意味を，組織としての機能を妨げないレベルまで削減しなければならない。そして，この組織化のプロセスにおいては，まさにコミュニケーションが組織活動の中核となる。

　今日のディジタル社会では，以下のように，組織化の事例ととらえられるものは至るところにみられる。インターネットを介して消費者が製造業者の設計プロセスに関与して革新的な製品を生み出すプロセス，SNS（Social Networking Service）の利活用による顧客と企業とのやり取りが，戦略的な価値をもって利活用され，新たなビジネスを創出していくプロセス，製造業者と販売業者がICTによる情報共有から，互いに受注状況や製造状況を確認しあって業務を遂行し，納期の短縮や製品・サービスの質の向上などを実現する製販統合プロセスなどは，その一例であろう。メンバー間の動的な社会的相互作用によって新しい意味や価値が生み出されるとともに，組織も環境も社会的に構築されていくことになる。

　組織化は，想い，意図，世界観といった一定の意味が共有されるとき1つの企業を超えて進行していく。このような考え方は組織と環境との間の明確な区分を打破している。

| 組織化のモデル |

ワイクが提示した**組織化のモデル**は，以下の4つのステップからなる。それらは，「生態学的変化（ecological change）」「イナクトメント（enactment）」「淘汰（selection）」「保持（retention）」と呼ばれる

（Weick，1979）。

　生態学的変化は，組織化のきっかけとなるもので，人が経験を重ねる中で何らかの違いや変化に「気づき（noticing）」が生じる可能性を意味する。つまり，生態学的変化は，組織の意味形成において素材となるデータを提供している。たとえば，新しい仮想オフィスツールの開発といった生態学的変化は，組織化の進行のための重要な素材となりうる。

　イナクトメントとは，自然淘汰における変異に当たり，変異が果たす能動的な役割をより強調するために，この言葉が用いられた。つまり，イナクトメントとは，組織化において人の行為の役割に焦点が当てられる。イナクトメントは生態学的変化と密接な関係があり，生態学的変化に向けられた人の行為がその一部を囲い込むとともに，生態学的変化を引き起こす行為ともなる。新しく開発されたどの仮想オフィスツールに着目し，その情報を収集し，どのように利活用を試行するかは，組織の関係者それぞれによって異なっている。

　このように，イナクトメントは組織がその時点で外部環境と直接的にやり取りする唯一の過程でもあり，イナクトメントは組織における他のすべてのことを引き起こすものとなる。そこで，イナクトメントのステップを敏感にし，あるひとつの物事に支配されることなく，ハプニングを感度よく取り入れられるかどうかが組織改革にとっては重要となる。

　淘汰とは，イナクトされた多義的な表示に対して，組織として，意味をあてがうために，その多義性を削減しようとするステップである。つまり，淘汰は，進行しているものに対して何らかのディスプレーをあてがう組織的選択プロセスともいえる。すなわ

ち，このステップでは，コミュニケーション活動を通じて多義性が削減され，組織的にいくつかの解釈が与えられることになる。たとえば，組織コンテクストに応じて，組織改革をどのように進めていくのか，そのために組織としてどの仮想オフィスツールを導入し，どのように利活用していくのかなど，いくつかのディスプレーを示唆するのがこのステップである。

　保持とは，淘汰のステップで形成されたディスプレーが「イナクトされた環境（enacted environment）」として蓄積されるステップである。ここでは，イナクトされた環境は，メリハリのある因果のかたちに要約される。組織改革のためには新しいツールをどのように利活用すれば組織の有効性を高めることができるかが，一般的に利用可能な組織の知識として蓄積される。

　組織化のプロセスでは，生態学的変化が増大すれば，イナクトメントで生み出される多義性も増大し，イナクトメントで生み出される多義性が増大すれば，生態学的変化も増大する。さらに，イナクトメントで生み出される多義性の増大は，淘汰活動を増加させる。淘汰活動が増加すると保持活動も増加する。このような連鎖活動を繰り返しながら，組織化のプロセスは進行する（図2-3）。

　組織に保持されたイナクトされた環境は，イナクトメントや淘汰のステップに正にも負にも作用する。過去に保持されているイナクトされた環境が，イナクトメントのステップにおいて信頼されているならば，過去と同じようなイナクトメントが行われるが，イナクトされた環境が信頼されていない場合には，過去とは異なるイナクトメントが行われることになる。同様に，淘汰のステップにおいて，イナクトされた環境が信頼されているならば，それ

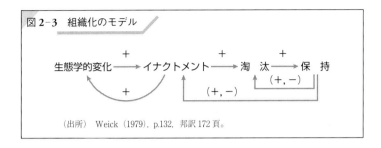

図 2-3　組織化のモデル

生態学的変化 $\xrightarrow{+}$ イナクトメント $\xrightarrow{+}$ 淘　汰 $\xrightarrow{+}$ 保　持

$(+,-)$

$(+,-)$

(出所)　Weick（1979），p.132，邦訳 172 頁。

が淘汰に大きな影響を及ぼすことになるが，イナクトされた環境が信頼されていない場合には，淘汰に影響を及ぼすことはない（図 2-3）。

　組織が安定して生存していくためには，組織はイナクトメントのステップか淘汰のステップのいずれかにおいて，イナクトされた環境を疑ってみることが求められる。つまり，イナクトされた環境をどちらかのステップで信頼し，どちらかで疑うという「分裂的決定（split decision）」が求められることになる。組織は，蓄積された内容について分裂していること，イナクトメントと淘汰の一方でそれを信頼しているように，他方でそれを信頼していないように，逆説的に行動することが求められている。これは，ループに含まれるマイナス符号が偶数となる逸脱増幅ループは再循環や再生産のループとなり基本的に不安定であり，含まれるマイナス符号が奇数となる逸脱減衰ループでは，ループのどこかでネガティブ・フィードバックによる制御が行われ安定がもたらされることからも説明されている（序章参照）。

　イナクトされた環境は，共通の世界観としてある程度持続性をもつものであり，組織メンバーの協働行為を可能ならしめるものとして，組織の安定化を図るために機能している。しかし，イナ

クトされた環境は組織メンバーの行為をコントロールするだけでなく，また組織メンバーの行為によって更新されていく動態性をもつものでもある。したがって，組織は，あらかじめ設定された目標を追求するのみならず，目標が回顧的に設定されうることも含めて考慮しなければならない。

　ここでは，意味や組織のイナクトされた環境は動的な社会的相互作用によってダイナミックに進展するものであること，組織も環境も解釈から切り離されて存在するものではないことが主張されている。したがって，この理論は，シンボリック・パースペクティブの発想に基づく典型例のひとつである。

　以上述べたように，組織をとらえる見方が，静態的な存在から，組織化と呼ばれる動態的な社会的相互作用まで幅広い展開がみられる。本書では，組織をできる限り実証可能な客観的な実在としてとらえながら，シンボリックな相互作用によって再構築される視点も織り込むことを試みている（*Column* ❷ 参照）。

3 経営情報と経営戦略論

経営戦略論の展開

　経営戦略論 は，企業戦略や事業戦略を分析する経営学の中心的な研究領域のひとつであるが，組織がオープンシステムとしてとらえられるようになった1960年代に誕生した，比較的新しい経営学の理論である。経営戦略とは，簡潔に述べるなら，企業の環境に対する意思決定であるといえる。すなわち急速に変化する環境を企業がどのようにマネジメントするかを決定することに関わるものであり，

有効な企業戦略を策定するためには，企業は自らの社会における使命や目標を設定し，活動対象となる市場を定めなければならない。

　経営戦略論では，1970 年代後半までは，企業の多角化や事業への資源配分の決定という問題が主に取り上げられていたが，70 年代後半から 80 年代には，個々の事業分野の競争を扱う **競争戦略論** が盛んに議論されるようになった。このように経営戦略論は，現実は客観的に存在するという立場にたち，現実の因果関係の説明に焦点を当てているため，モダン・パースペクティブの立場に立って展開されてきたものといえる。

　理論的にはじめて経営戦略という概念を用いたチャンドラー（A. D. Chandler, Jr.）は，経営戦略を企業の長期的な発展と存続に関わる決定ととらえ，企業の多角化戦略の採用と事業部制という組織構造について検討している（Chandler, 1962）。経営戦略の研究を本格的に展開したアンゾフ（H. I. Ansoff）は，企業の意思決定を，戦略的決定，管理的決定，業務的決定に分類し，戦略的決定と多角化の問題を議論している（Ansoff, 1965）。

　1970 年代に入ると多角化の研究は，どの事業に多角化するかに加えて，多角化した事業をいかに管理するか，多角化した事業にいかに資源配分するかという意思決定を取り扱う分析手法の確立を促した。代表例には，市場成長率（市場の魅力度）と市場占有率（企業の競争上の地位）を用いて事業の利益率やキャッシュ・フローを予測し，各事業の企業全体における役割を分析しようとしたプロダクト・ポートフォリオ・マネジメント（PPM：Product Portfolio Management）や，市場占有率と事業の利益率との関係を解明した PIMS（Profit Impact of Marketing Strategies）

プロジェクトなどがある。こうした戦略論の科学化は，市場環境から収集した経験的客観データの蓄積とその分析を重用する傾向へとつながっていった。

　1970 年代後半以降，経営戦略論の研究対象として，企業全体を対象とする企業戦略に加えて，特定の事業を対象とする事業戦略が問題とされるようになり，各事業における競争戦略の確立が志向された。代表的論者であるポーター（M. E. Porter）は，市場の競争状態を決定する要因として，新規業者の参入，代替品の脅威，買い手の交渉力，売り手の交渉力，競争業者間の敵対関係をあげ，これらの圧力によって市場の競争パタンや業界の収益性が決定されるとした（Porter, 1980）。ポーターは基本的な競争戦略として，コスト・リーダーシップ戦略，差別化戦略，集中戦略をあげた。コスト・リーダーシップ戦略とは，競合する他の企業よりも低いコストで製品やサービスを顧客に提供することから競争力の維持を目指すものである。差別化戦略とは，顧客が競合相手の製品やサービスよりも高い価値を認める製品やサービスを供給することによって競争上の優位性を獲得しようとするものである。これに対して集中戦略とは，競争する市場を絞り込んで，そこでの収益性の確保を目指すものである。

　ポーターは，これらの戦略の選択や実行を分析するために価値連鎖という概念を導入した（Porter, 1985）。価値連鎖とは，企業が提供する製品やサービスの価値が，購買物流，製造，出荷物流，販売・マーケティング，サービスという 5 つの主活動それぞれにおいて付加されていくものであることを表す概念であり，それらの活動は，全般管理，人事・労務管理，技術開発，調達活動という 4 つの支援活動によってその実施が可能となる（図 2-4）。そ

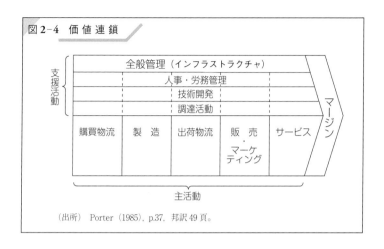

図2-4　価値連鎖

支援活動
- 全般管理（インフラストラクチャ）
- 人事・労務管理
- 技術開発
- 調達活動

主活動
- 購買物流
- 製造
- 出荷物流
- 販売・マーケティング
- サービス

マージン

（出所）　Porter（1985），p.37，邦訳49頁。

して競争優位は，個々の主活動ならびに支援活動やそれらの相互連結関係を最適化あるいは調整することから生み出されるとされる。

競争優位の源泉

1980年代に競争戦略論を確立したポーターは，現在に至るまで理論の発展に多大な影響を与え続けている。ポーターは，産業組織論的視点から市場におけるポジショニング（陣取り）が競争優位を導くとする **ポジショニング・ビュー** を確立したとされる。すなわち，競争優位は，コストを最小化するオペレーション効率の向上だけでなく，価値を創造する戦略的ポジショニングによってこそ達成されると考えられている。そして，情報技術を利活用した企業の情報処理活動は，オペレーション効率を促進するためのものとして取り扱われてきた。

　一方，1990年代には，競争優位の源泉を企業の資源やケイパビリティ（組織能力）に求める **資源ベース・ビュー** が台頭した。

ここでは，業界の競争構造という外部環境ではなく，各企業の内部資源が問題となる。資源とは，いわゆるヒト，モノ，カネに加えて，情報，技術力，ブランド，専門能力，組織文化などを含む幅広い概念として把握される。そして，資源が組み合わさってケイパビリティが生み出される。

　資源ベース・ビューの代表的論者の一人であるバーニー（J. B. Barney）によると，資源やケイパビリティが競争優位の源泉となるためには，VRIO という頭文字で表される特性が備わっていることが必要とされる。すなわち，資源やケイパビリティには，それが市場の機会を活かし，脅威を緩和するという意味での価値（V：Value）があり，競合企業のうちの少数の企業のみがそれを有しているという希少性（R：Rarity）が高く，それを獲得したり開発したりするためには費用がかからないという模倣可能性（I：Imitability）が低く，そして，こうした価値があり，希少で模倣困難な資源やケイパビリティを十分に利活用できるよう組織（O：Organization）が整えられていることが必要となる。このような競争優位の源泉となる資源を育成するには，自社独自の経験を利活用すること，サプライヤー，顧客，従業員との特別な関係を構築すること等が求められる（Barney, 2002）。

　ポジショニング・ビューと資源ベース・ビューは必ずしも対立するものとしてとらえるべきではない（岡田，2001）。たとえば，企業戦略策定の枠組みとしてのSWOT 分析は，内部資源の強み（Strengths）と弱み（Weaknesses），外部環境にある機会（Opportunities）と脅威（Threats）を分析するものであり，ポジショニング・ビューと資源ベース・ビューの長所と短所の相互補完性を求めた分析技法としてもとらえることができる。市場が明

確な場合には戦略的ポジショニングが，市場が不明確な場合は内部資源が問題になると考えられている。

| 経営戦略論とICT | ポーターの理論は，戦略的情報システム（SIS：Strategic Information Systems）構築の基礎となった（第5章参照）。ネットワーク革命以前の1980年代半ばから，情報ネットワークによる囲い込みによって競争優位の獲得に貢献し，一世を風靡したSISの評価は，90年代には大きく変化し，SISの成功事例は，結局，オペレーション効率の向上を一時的にもたらすものでしかなく，これは一時的な競争上の強みにはなりえても，持続的な競争優位を導くものではないと考えられるようになった。

ポーターは，2000年当時のインターネット技術の普及と，その企業戦略への影響力について次のように述べている。インターネットが競争優位そのものとなるのではなく，それは，ほぼすべての産業でいかなる戦略にも利活用できる強力な道具，すなわちイネーブラーとして機能する。しかし，インターネットは，全体としての収益性を悪化させる方向で産業構造を変化させ，ビジネス手法を均一化してしまうことによって，企業がオペレーションの点で競争優位を確立する能力を低下させる可能性もある。ここで問題になるのは，インターネットをどのように利活用するかであり，明確な戦略的ポジショニングを確立するうえでインターネットはすぐれたチャンスを与えてくれるものにもなる（Porter, 2001）。ポーターの指摘は，インターネットをはじめとするICTの導入が，明確に設定された戦略の中に的確に組み込まれていることの重要性を主張するものであり，ICTそのものが競争優位の源泉とはならないことを示唆している。

一方，資源ベース・ビューに立つ戦略論においても，ICTを利活用した情報処理活動や標準化への取組みは模倣が容易であり，したがって持続的な競争優位の源泉にはならないと考えられている。そこで注目されたのが，ICTを有効に利活用するケイパビリティ，すなわち「ITケイパビリティ（IT capabilities）」である。資源とケイパビリティとは区別され，資源は，資金や設備といった有形資源，技能や忠誠心といった属人的資源，評判やブランドといった無形資源などを意味する。対してケイパビリティは，これらの資源を調整し，組み合わせて何らかの課業や活動を遂行させる組織能力として把握される。つまり，ITケイパビリティは，物理的なICT資源，ICTを利活用する人に関する資源，ICTが可能にする組織の無形資源から構成される，ICTの組織的な活用能力としてとらえられる。つまり，ITケイパビリティは，ICTによる情報処理機能と人的・組織的資源の情報処理機能とを相互補完的に機能させることで動態的に構築される組織ケイパビリティであると考えられる（岸・相原編，2004）。これはまさに，全体は構成要素の特徴に還元できない，システムの創発特性から説明できる（序章参照）。

　ITケイパビリティは，いかにすぐれた資源であろうと，個々の資源レベルでは認識されえない。個々の資源レベルでは，一時的に模倣や代替が困難であっても，一定の時間を経過すると，そのほとんどが競争者によって模倣や代替が可能となり，競争優位の源泉として機能しなくなる。資源の相互補完的な組み合わせや応用によって，その組織独自のICTの情報処理機能の利活用が開発されるとき，模倣困難性が高まり，競争優位の源泉としてのITケイパビリティを考えることが可能になる。

すでに経営戦略の立案・遂行と ICT とは不可分のものとなっている。このことは，後述するように，ICT ベースの経営情報システムを人や組織と切り離して自己完結的に扱うことがもはや不可能であり，人・組織と情報システムとの相互作用という動態性の重要性を指摘している。ここには，情報システムのシンボリックな側面が含まれることから，クロス・パースペクティブの発想の萌芽をみることができるといえる。

　一方で，今後ますます加速する市場の変化の激しさと，製品ライフサイクルの短縮化が，持続的競争優位に関するこれまでの理解を修正し，短期的な競争優位の獲得の連続こそが持続的競争優位につながるという発想が，戦略と ICT をめぐる議論において，今後も発展するものと考えられている。ポーターは，IoT（Internet of Things）ブームについても，IoT がすべてを変えるのではないと警鐘を鳴らしている。変わるのはモノの本質であり，競争のルールの根幹は変わらないと指摘する（Porter and Heppelmann，2014）。

戦略と戦略化

　さて，戦略論においても，新しいパースペクティブを反映した考え方が登場している。そのひとつが，「実践としての戦略（SaP：Strategy as Practice）」である（Jarzabkowski，2005；Johnson et al.，2007）。実践としての戦略は，戦略家が実際に何をしているのかという**戦略化**（strategizing）に着目する。ここでは，組織と組織化の関係と同様に，戦略という概念が戦略化という動態的なプロセスに焦点を当てて検討される。

　戦略化とは，組織化が新たな戦略を通じて転換するプロセスであり，行為者が組織的実践に埋め込まれているのと同様に，戦略

も組織の実践に埋め込まれていると考える。ここでは，資源ベース・ビューの検討で残されている，競争優位をもたらす組織ケイパビリティが，いかなる活動によって支えられているのかを解明することも問題とされる。

　具体的には，組織における日々の諸活動を構成し，戦略的な成果とも関連する詳細なプロセスと実践を重視する。これにより，組織と組織メンバーに影響を及ぼすものでありながら，これまで展開されてきた戦略論研究では検討されてこなかったミクロな活動に焦点が当てられる（Johnson et al., 2003）。すなわち，組織特性のひとつとしてではなく，組織の活動や人々の行いを通して戦略を研究していくことが，実践としての戦略の狙いなのである。

　実践としての戦略研究は，現実は客観的に存在するという立場を否定する。戦略化は，主観的な認識から切り離して存在するものではない。ここに，経営戦略論においても，シンボリック・パースペクティブの発想からの接近を実感することができる（高橋，2010）。このような発想はまだ新しいものではあるが，組織と環境（市場）を客観的な実在として分析してきた経営戦略論のこれまでの経緯から考えると，シンボリックな相互作用の視点を織り込むことを，改めて考えさせられる動向といえる（*Column* ❷参照）。

　本書では，システム思考をベースに現象をすっきりと理解するために，基本的に実証主義的アプローチの立場に基づいている（序章参照）．しかし，本章では，現実世界の見方としてモダン・パースペクティブだけでなく，シンボリック・パースペクティブも紹介した。ハッチは，モダン・パースペクティブ，シンボリック・パースペクティブに加えポストモダン・パースペクティブを加えた3つの視角から組織論に接近し，どのパースペクティブも重要であるが，可能な限りクロス・パースペクティブの理論化が重要であると述べている。ポストモダン・パースペクティブは，状況改善を主張するシステム論自体に懸念を抱く立場をとり，アンチ・システミックであること，観察者としての理論化の立場をとらないこと，いまだ確立されたものとはいえない「混沌」の中にあることから，本書ではこの視角は考察の対象に加えていない。

　ものの見方はどのパースペクティブに立脚するかで大きく異なってくる。経営学に正解はないといわれるように，どのパースペクティブに立つか，あるいはクロス・パースペクティブを試みるかは研究に臨むそれぞれの立場による。

文献案内　　　　　　　　　　　　　　　　　　REFERENCE

木嶋恭一・岸眞理子編著（2019），『経営情報学入門』放送大学教育振興会。

　✎　本書と同様の立ち位置から，経営情報学の基本的なトピックを取り上げ解説する入門書。

M. J. ハッチ（・A. L. カンリフ）著，大月博司・日野健太・山口善昭訳（2017），『Hatch 組織論：3つのパースペクティブ』同文舘出版。

　✎　3つの理論パースペクティブから組織論を解説している。

大月博司・高橋正泰・山口善昭（2008），『経営学：理論と体系（第3版）』同文舘出版。

　✎　経営組織論をベースに経営学を歴史，現象，理論の観点から整理している入門書である。

坂下昭宣（2014），『経営学への招待（新装版）』白桃書房。

　✎　経営組織論と経営戦略論の視点から経営学についてわかりやすく説明している入門テキストである。

第3章 経営情報と組織の意思決定

● 本章のポイント ●

　本章では，情報処理システムとしての組織の根幹で
ある意思決定と経営情報について検討する。まず，意
思決定が単純な選択を超えて問題解決のプロセスであ
ることを指摘し，この問題解決のプロセスは，意思決
定プロセスとリーダーシップ・プロセスにより構成さ
れることを説明する。とくに意思決定プロセスは探
索・設計・選択の段階から構成されるとして，その各
段階に対する経営情報の役割・意味について考察する。
ついで，意思決定を大きく戦術的意思決定と戦略的意
思決定の2つのタイプに分類して，それぞれの特徴と
経営情報の関わり方について検討する。さらに，経営
意思決定は通常集団で行われることから，集団意思決
定における情報の役割・意義について考察する。

意思決定プロセス　　探索・設計・選択　　戦術的意思決定　　戦
略的意思決定　　集団意思決定

KEYWORDS

1 経営意思決定

経営とは意思決定
である

経営の世界で今も大きな影響力をもつ思想家であるドラッカー（P. F. Drucker）は，その著書『マネジメント』の冒頭で，経営（マネジメント）が企業，政府，大学，研究所，病院などあらゆる組織に共通してみられる特有の機能であると述べている（Drucker, 1993）。組織が機能するためにはマネジメントが成果をあげなければならず，組織がなければマネジメントもないし，マネジメントがなければ組織もないというのである。

ここで，ドラッカーは経営（マネジメント）を，成果に対する責任に由来する客観的な機能として定義したが（Drucker, 1993），サイモンは，これをさらに掘り下げ，「経営とは意思決定である」と喝破した（Simon, 1997）。すなわち，さまざまなレベルの，しかも，時間的プレッシャーにさらされた多様な意思決定活動こそが経営の根幹であるというのである。

意思決定プロセス

日常的には，意思決定は，いくつかの選択肢の中から望ましいものを「選択する」行為ととらえられることが多いかもしれない。しかしながら，経営情報学を含む多くの学術的な視点からは，意思決定を問題解決と関連づけ，より包括的にとらえることが一般的である。すなわち，意思決定とは，一般に「組織など人間を含むシステムにおいて発生する諸問題を発見し，明確に定義し，そのシステムの目的にとって合理的な問題解決を行うプロセス」と定義される（宮川, 2010）。ここで，プロセスとは，何らかの機能を実行するた

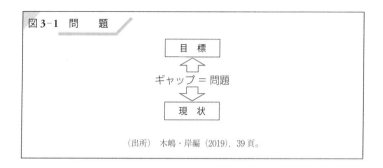

図 3-1 問　題

目　標

ギャップ＝問題

現　状

（出所）　木嶋・岸編（2019），39 頁。

め時間の中でつながった一連の行為の連鎖（つながり）を意味する（序章参照）。

　一般に，「現状」と「こうありたいという目指すべき状態（目標）」との間にギャップを知覚するとき，そこに「問題」があると認識される（図3-1）。したがって，意思決定とは，①そのような問題を発見・認識し，②それを明確に定義し，③そこでの「現状」とシステムの目的から規定される「目標」のギャップを知覚したうえで，④そのギャップを合理的に解消しようとする問題解決のプロセスということになる。

　そのうえで，サイモンは，この **意思決定プロセス** を，**探索，設計，選択** の 3 つのフェーズ（段階）に識別した（図3-2）。

　まず，意思決定プロセスの探索のフェーズでは，どのような選択肢（代替案）が利用可能・選択可能で，どのような非制御変数（非決定変数）がこの意思決定に関与しているかを明らかにする。サイモンは，決定で選択の対象となる代替案は，意思決定主体に外部から与えられるものではなく，意思決定主体自らが主体的に探索し発見するものであり，この探索行動こそが，意思決定プロセスで最も重要であると主張している。独創的な選択肢を生成し

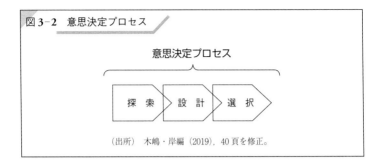

図3-2 意思決定プロセス

意思決定プロセス

探 索 ＞ 設 計 ＞ 選 択 ＞

（出所） 木嶋・岸編（2019），40頁を修正。

利用可能と判断し，意思決定の対象にできるのは，すぐれた経営者の最大の資質であろう。

　すぐれた意思決定のためには，この選択肢集合の範囲の広いことはもちろんであるが，その後のフェーズを適切に進めるためには，選択肢集合の境界を明確に規定することも重要である。何が採用できる選択肢かが明確になってはじめて，以降のフェーズで必要な情報が明確になるからである。

　次の設計のフェーズでは，探索活動で列挙された各選択肢が生み出す結果を思考実験する。それにより，選択肢とそれがもたらす結果との間の対応関係を明確にする。この対応関係の設定には，関連する情報を集め分析して，意思決定に関わる客観的な「事実前提」を明らかにする必要がある。

　選択のフェーズでは，設計活動で想定された結果に対して意思決定主体が自らの選好に従い望ましさの順序をつける。その際にはその主体の持つ価値観すなわち「価値前提」が重要な役割を果たす。同じ結果であっても，それから得られる望ましさは，各意思決定主体がもつ価値観により定まるからである。

　この段階で，すべての代替案が1列に順序づけられれば意思決

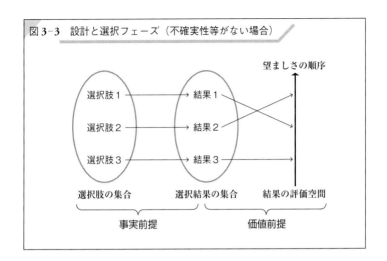

図3-3 設計と選択フェーズ（不確実性等がない場合）

望ましさの順序

選択肢1 → 結果1
選択肢2 → 結果2
選択肢3 → 結果3

選択肢の集合　　選択結果の集合　　結果の評価空間

事実前提　　　　　　価値前提

定は容易である（図3-3）。最も望ましいと判断される結果を生み出す代替案を選べばよいからである。

　しかし，実際は必ずしもそうではない。まず，結果が複数の側面（属性）で評価され，その間にトレードオフ[*]がある場合（これを多属性意思決定という），代替案を1列に順序づけることは単純ではない（西崎，2017）。たとえば，製造部品をどこから調達するかという問題で，納期が早いが価格が高いA社か，納期はかかるが価格が安いB社かといった選択を考える場合，時間と価格はトレードオフの関係にある。そしてA社，B社を1列に順序づけるのは単純な問題ではない。

　また，意思決定主体が制御できない非制御変数（不確実性〔uncertainty〕あるいは外乱〔disturbance〕とも呼ばれる）が存在す

---

[*]
トレードオフ（Trade-off）　両立できない関係性，両立不可能性を意味する。

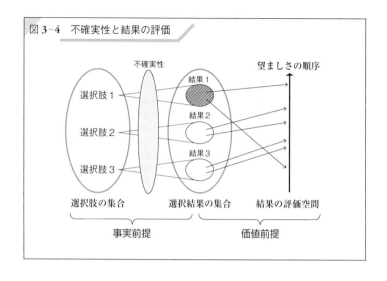

図3-4　不確実性と結果の評価

不確実性

望ましさの順序

選択肢1

選択肢2

選択肢3

結果1

結果2

結果3

選択肢の集合　　　　選択結果の集合　　結果の評価空間

事実前提　　　　　　　　価値前提

る場合，結果は一意には決まらず，代替案を1列に並べるのは単純ではない。これを不確実性下の意思決定という（西崎，2017）（図3-4）。たとえば，利益（結果）が為替レートの影響を受ける企業を考えてみよう。ここで，為替レートはこの企業にとって非制御変数であり，たとえば選択肢1をとった場合でも為替レートによって得られる利益は変わるので，それによって生起する結果は唯一ではなく，図3-4の網かけで示したように，複数の結果の集合として規定されるだろう。その中には望ましい結果もあるかもしれないし，そうでない結果もあるかもしれない。そのため，この選択肢を評価することは必ずしも単純ではない。他の選択肢についても同様である。多属性意思決定と不確実性下の意思決定のこの点については，第2節で改めて検討する。

　さらに，価値観の異なる複数の意思決定主体の意思決定の場合（これを集団意思決定という）も，主体間にコンフリクト（利害対

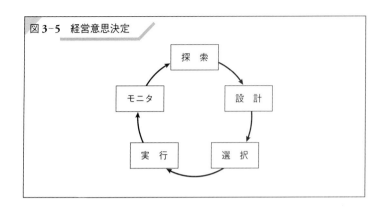

図3-5 経営意思決定

立）が存在すれば集団として合意して代替案を1列に順序づける
ことは単純ではない。集団意思決定については，第3節で改めて
検討する。

以上が，意思決定プロセスを構成する3つのフェーズ（段階）で

リーダーシップ・
プロセス

あるが，意思決定の結果の実践に当たっ
ては，選ばれた代替案を実行に移す「実
行」のフェーズと，実行後の状況を「モ
ニタ」するフェーズがその後に続く（宮川，2010）。この「実行」
と「モニタ」のプロセスはリーダーシップ・プロセスと呼ばれる。
このプロセスは一般にモニタで終わるのではなく，それに基づい
て新たな探索を導く，継続的で循環的なプロセスとなる。ここで
は，意思決定プロセスとリーダーシップ・プロセスとを合わせた
問題解決のプロセスを，経営意思決定と呼ぶことにする（図3-5）。

　問題解決には，意思決定プロセスとリーダーシップ・プロセス
のバランスをとり，両者を機能させることが必要である。しかし
現実には，これを実現するのは容易でない。意思決定のプロセス
が円滑に機能したとしても，後のリーダシップ・プロセスが円滑

に機能するとは限らず，逆に，リーダーシップ・プロセスはすぐれていても，意思決定プロセスは劣るということもあるからである。

2 意思決定のタイプ

　意思決定プロセスは，先に述べたように，探索に始まる一連のプロセスであるが，対処する問題は一様でなく，問題によって注目すべき段階や求められる情報の内容が異なるのが普通である。

　一般に，意思決定のタイプは理念的に，大きく，戦術的で定型的な意思決定と，戦略的で非定型的な意思決定に大別することができる（表3-1）。

戦術的意思決定

　戦術的意思決定 は業務的意思決定とも呼ばれ，日常反復的な業務活動上の意思決定である。第1章で述べた選択レベルでの意思決定は，原理的に，戦術的意思決定である。

　戦術的意思決定が対象とする問題は，構造（意思決定で採用できる代替案の集合，意思決定の目的，制約条件などから規定される）は比較的明らかで，予測もある程度正確に可能なので，意思決定での主たる関心は，効率的な解（効率的な問題解決の代替案）をいかに（How）求めるかにある。定量的な定式化などのいわゆる合理的で科学的なアプローチが比較的に利用可能となることも多い。先に述べた意思決定プロセスの3段階のうち，ここでは，設計の段階が大きな関心事となる。

　しかしながら，戦術的意思決定が常に容易であるとは必ずしも

表3-1　戦術的意思決定と戦略的意思決定

比較の視点	戦術的意思決定	戦略的意思決定
対処する問題	構造的・定型的問題	非構造的・非定型的問題
対処の様子	繰り返し・ルーティン	単発的，一回限り
主要な段階	設計・選択	探索・設計
意思決定の狙い	どのように解くか（How）	何が問題なのか（What）
評価基準	効率性（efficiency）	有効性（effectiveness） 実行可能性（efficacy）

（出所）　木嶋・岸編（2019），42 頁に加筆・修正。

いえない。先に述べたような，代替案が1列に順序づけられない場合である。

(1) 多属性意思決定

　多属性意思決定は，トレードオフ関係にある複数の属性を扱う意思決定である。このことを，例を用いて説明しよう。ここで，ある企業が，新製品を製造しようとする状況を考える。すべての事業活動を自前で行うことは困難なので，新製品を専門の外注先に発注して外製化した方が，時間的・能力的・コスト的に効率的である。外製化により固定費の上昇を抑え，効率化という大きなメリットが期待されるからである。一方，自社内で内製すると，自前のノウハウを獲得でき，一般に取引コストも低く抑えられる。

　この状況を定量化して，表3-2のように表現できるとしよう。

　効率性の視点からみれば外製が望ましいが，ノウハウ獲得のメリット等の視点からは内製が望ましい。この状況ではどちらを選

表3-2 外製と内製の多属性意思決定(1) (数字は金額を示す)

	効 率 性	ノウハウ獲得の メリット等
外　　製	5	3
内　　製	3	5

択するか，絶対的に合理的という解は存在しない。

　ここで，状況が仮に表3-3のように表現されるとしよう。

　ここでは，効率性，ノウハウ獲得のメリット等の両面から外製の方が内製よりも望ましい。このとき，外製は内製をパレート支配するという。外製にパレート支配される内製という代替案は合理的な解にはなりえない。

　多属性意思決定で選択が困難になるのは，表3-2で示されるように，自分自身をパレート支配する代替案をもたない代替案（パレート解という）が複数存在する場合である。実際，表3-2の例では外製・内製ともにパレート解である。パレート解は最も基本的な（万人の認める）合理性の概念であり，パレート解以外の代替案は合理的な解にはなりえない。

(2) 不確実性下の意思決定

　不確実性下の意思決定では，意思決定の結果は意思決定主体の価値観により大きく異なる。このような意思決定主体の価値観を数学的に表現したものを意思決定基準と呼ぶ。代表的な意思決定基準であるマックス・ミン（max-min）決定基準，マックス・マックス（max-max）決定基準，ラプラス（Laplace）決定基準を

表 3-3　外製と内製の多属性意思決定 (2) (数字は金額を示す)

	効率性	ノウハウ獲得の メリット等
外　　製	5	5
内　　製	3	5

　紹介し，同じ意思決定状況でも用いられる意思決定基準によって
解が異なることを，例を用いて説明しよう（木嶋，2017）。このこ
とは，意思決定プロセスでは，単に客観的な情報を収集・解析し
て事実前提を明らかにするだけでなく，価値前提の明確化が本質
的に重要であることを示している。

　今，ある投資会社が，革新的技術の研究開発を行っているベン
チャー企業に投資すべきかどうか検討している状況を考えてみる
（木嶋，2017）。その会社の選択肢を簡単に，このベンチャー企業
に「投資する」「投資しない」の2通りとする。ここで，このベ
ンチャー企業が革新的技術の研究開発に成功するか失敗するかに
投資会社は関与しないので，研究開発の成功・失敗はこの投資会
社にとって非制御変数であり，これは不確実性下の意思決定とみ
ることができる。

　この意思決定問題の結果は4通り考えられる。すなわち，①投
資して成功する，②投資したが研究開発は失敗する，③投資せず
に研究開発は成功する，④投資をせず研究開発も失敗する，の4
通りである。

　今，この研究開発が成功したときの利益を p，　このベンチャー

表3-4　ベンチャー企業への投資問題（英数字は金額を示す）

	成功する	失敗する
投資する	$p-c$	$-c$
投資しない	0	0

企業への投資額を c とすれば，それぞれの結果に対するこの投資会社の利益は，表3-4のように表現することができる。すなわち，投資して成功すれば利益 p が得られるものの c だけ投資しているので得られる正味の利益は $p-c$ となる。投資したが，技術開発が失敗すれば得られるものはなく，ただ投資額 c が損失となる。投資しなければ，成功・失敗に関係なく，利益は 0 となる。なお，ここで，p も c も金額としてとらえられるとし，p, c ともに正の値で，$p > c$ と仮定する。

　まず，マックス・ミン（max-min）決定基準は，慎重で悲観的な意思決定の態度を表現する決定基準である。マックス・ミン決定基準は，それぞれの選択肢を，それが導く複数の結果の中で最悪の結果（最も小さい：min）により評価する。この例でいえば，「投資する」という選択肢が導く2つの結果 $p-c$ と $-c$ を比べると，$p-c > -c$ なので，「投資する」という選択肢を $-c$ で特徴づける。同様に，「投資しない」という選択肢は 0 で評価する（成功する，失敗する，ともに同点である）。

　次に，これらの値で評価された2つの選択肢の中から，その値が最も大きい（max）選択肢を解とする。すなわち，$-c$ と 0 を比べて，より大きい 0 で特徴づけられる選択肢である「投資しな

い」を解とするのである。ただ，注目すべきことは，たとえ p が巨額で，c が微少の極端な状況においても，マックス・ミン決定基準によれば「投資しない」が解となる。このように，マックス・ミン決定基準は，どのような結果が生じるかまったくわからない不確実性下の意思決定状況において，最悪な事態を想定しこれに対処しようとするので，きわめて慎重で保守的な，いわば「石橋をたたいても渡らない」傾向をもつ決定基準といえる。

　次に，マックス・マックス（max-max）決定基準は，マックス・ミン決定基準とは正反対に，きわめて楽観的な意思決定の態度を表現する決定基準である。それぞれの選択肢を，それが導く複数の結果の中で最も望ましい（決定主体にとって最も都合のよい）結果（最も大きい：max）により評価する。ベンチャービジネスへの投資問題の例でいえば，「投資する」という選択肢が導く 2 つの結果 $p-c$ と $-c$ を比べると，$p-c > -c$ なので，$p-c$ で「投資する」という選択肢を特徴づける。一方，「投資しない」という選択肢は 0 で評価される。

　次に，これらの値で評価された 2 つの選択肢の中から，その値が最も大きい（max）選択肢を解とする。すなわち，$p-c$ と 0 を比べて，より大きい $p-c$ で特徴づけられる選択肢「投資する」を解とするのである。このように，マックス・マックス決定基準は，不確実性下の意思決定状況において，自分にとって最も都合のよい事態が生じると想定し，これに対処しようとする決定態度を表現しており，その意味で，楽観的ないわばギャンブラーの心理状態を表現する意思決定とも呼ばれる。

　最後に，ラプラス（Laplace）決定基準は，「確率論の解析理論」で知られる数学者ラプラスによって提唱された決定基準である。

彼は「どの不確実性が起こるかまったくわからないとはどういうことか」を考察し，どの不確実性に対しても同じ生起確率が想定される状況こそ，真の不確実性下とした。どれか特定の不確実性に対して偏った確率が振られる（起こりやすさに差がある）ならば，不確実性に関する何らかの情報があることを意味し，この意思決定状況は真の不確実性下にあるとはいえないと考えるのである。ベンチャービジネスへの投資問題の例でいえば，成功するか失敗するかまったくわからないということは，両者の生起確率が，ともに0.5と0.5であるとして，それぞれの選択肢に対し，期待値を計算する。すると，

「投資する」場合の期待値は，

$$(p-c) \times 0.5 + (-c) \times 0.5 = 0.5p - c$$

「投資しない」場合の期待値は，

$$0 \times 0.5 + 0 \times 0.5 = 0$$

となり，解は p と c の値に依存することになる。

3つの決定基準以外もいくつかの決定基準が知られているが，どの意思決定基準も，パレート解から特定の代替案を選び出す方法を与えている。

不確実性下の意思決定の解は，**表3-4**で示されるような事実前提（客観的情報）のみでは決まらず，意思決定基準として表現された意思決定主体のもつ価値前提（価値観）によってはじめて定まるのである。

なお，不確実性下の意思決定の場合，それぞれの不確実性に対して適切な手を打つ必要があるので，序章で述べた「最小多様性の法則」に従い，十分な多様性（取りうる手）を備えておくことが必要である。

また，多属性意思決定にせよ不確実性下の意思決定にせよ，サイモンは，すべての代替案を1列に並べる序列化（最適化）に代わって，代替案を満足なものか不満足なものかに2分化（2極化）して考える「満足化」の考え方を示している（Simon, 1997）。これについては，次の**戦略的意思決定**のところで改めて説明する。

戦略的意思決定

戦略的意思決定問題とは，解決に革新性，創造性を要するもので，たとえば，新規事業や企業合併など，多くの場合1回限りで，非定型的で構造化が困難な問題である。通常，トップマネジメントにより取り扱われ，事案により目的も環境も大きく異なるので，解決のための汎用の合理的なロジックは考えにくい。ここでは，効率性以前に，何が（What）妥当な解なのか（有効性），それは実行可能なのか（実行可能性）が主たる評価の関心事となる。

　戦略的意思決定問題の解決には，先に述べた意思決定の3段階のうち，とくに探索の段階が本質的に重要となる。第1章で述べた，適応的，自己組織的な意思決定は，相対的に，この戦略的意思決定に対処するものと考えてよい。

　戦略的な意思決定では，目標は必ずしも明確でなく，意思決定主体はすべての代替案を認識する情報をもたず，それがもたらす結果についても未知である場合が多い。代替案自体が固定的でなく，逐次的な決定とともに変わっていく。

　実際の意思決定状況では，すべての代替案やそれがもたらす結果のすべてをあらかじめ知りうるとは想定できず，限られた探索のもとで得られる代替案も少数だけとなるため，最適化というより，自らの要求水準（満足化基準）を満たす代替案が見つかれば，それで満足するという決定を行うことも多い。

サイモンは，このような意思決定を満足化基準による決定と呼び，そのような意思決定を行う意思決定主体のもつ合理性を，「限定された合理性（bounded rationality）」と呼んだ。満足化基準による決定では，問題解決のための代替案を探索し，問題を満足に解決できる代替案が見出されれば，それを選択し，それ以上の探索は行わないと考える。

3　集団意思決定とそのプロセス

　組織の意思決定は，基本的に，集団の意思決定主体によって行われる意思決定である。**集団意思決定** は，基本的に，「3人よれば文殊の知恵」を目指して，複数の意思決定主体の能力・知恵を結集した相乗効果によって，個人よりもすぐれた決定を目指して行われるはずである。しかしながら，集団意思決定の仕組みによっては，必ずしも期待される成果が生み出されるとは限らない。

　成功している集団は問題の定式化および戦略計画に十分な時間を割り振る傾向があるが，反対に不成功の集団は使えそうないくつかの実用的な答えをすぐに探そうとする傾向があるという実証研究から，集団意思決定においては意思決定プロセスの初期段階を重視すべきであると指摘されている。

　また，集団意思決定が集団思考（group thinking，集団浅慮とも呼ばれる）に陥る傾向があることはしばしば指摘されている。これは，合意に至ろうとするプレッシャーから，集団において物事を多様な視点から批判的に評価する能力が欠落する傾向を意味する。とくに，集団の凝集性が高い場合（同一ないしは類似の特性を

もった意思決定主体の集団など）や，外部と隔絶している場合，支配的なリーダーが存在する場合などに起きやすいといわれている。また，討議事項が，集団の本質的な目標に強く関連するほど同調へのプレッシャーは大きくなるという。

そのため，集団意思決定のプロセスをうまく運営するためには，メンバー間の相互作用を支援することで，異なった意見を十分に受け入れ，建設的な批判を重視するなどの配慮が必要である。また，発言者は必ずしも熟慮したうえで意見を発言していない可能性もあるので，意見の安易な受け入れは，発言者の考える機会を奪うことにもなる可能性がある。そのため，相手の意見にあえて反論を投げかける「悪魔の提唱者」(devil's advocate) の役割は重要で，2つの正反対の意見を建設的に真剣に吟味するというプロセスを通して，「なんとなくそういうものだろう」というところから「確かにそれだ」というところに移行する可能性が高まるといわれている。

意思決定集団の相互作用のパタンは，意思決定プロセスに従って変化することも多い。意思決定プロセスが進むに従って，集団内のメンバーの情報交換は，仕事についての情報交換に集中するパタンと社会的ニーズ（緊張／緩和，同意／非同意，連帯性／敵意）を満たすことに集中するパタンに分かれるという。

集団意思決定は，仕事を完成しようとするニーズとグループを維持しようとするニーズとの均衡を求めるものであるというのである。これがうまくバランスしないときには，部分最適*から抜け出せず，どうどうめぐりに陥ったり，パワーゲーム化し政治的な対立が激化することもありうる。

4 経営意思決定と情報システム

　組織は環境とヒト，モノ，カネ，技術，情報などの経営資源と相互作用しながら，成果を出力する広い意味での情報処理システムである（第1章参照）。その目標を達成するために，さまざまな意思決定を行い，環境に適応し，一方で，環境に働きかける能動的活動を行う。また，往々にして組織内外での利害対立（コンフリクト）の解決などにエネルギーが割かれることも多い。

　そのような中にあって，意思決定プロセスにおける情報システムの役割は，その合理性を増大させることであり，大きく2つに分けることができる。

問題分析の基盤として
の情報システム

まず，情報システムを代替案の評価や選択のための分析的ないし数理的なアプローチの基盤として利活用して，意思決定プロセス全体をより合理的なものとする役割である。

　探索の段階では，情報システムは，経営分析・財務分析や損益分岐点分析などの会計的方法，標本調査法などの統計的手法，データ・マイニング*，さらには，種々の発想法，システムチャートなどを利活用する際の基盤となる。

　また，「もし〜だとしたら，どうなるか」というような What-if 分析などの思考実験をすることにより，問題状況に関するより深

---

*

部分最適　　全体の中の一部分や個人だけが最適な状態を優先する考え方。序章で創発特性，全体性，全体最適の文脈で言及している。

データ・マイニング（data mining）　　データ解析の技法を大量のデータに網羅的に適用することで知識を取り出す技術を意味する。

い洞察を得るための土台を与える。たとえば，ビッグデータ*を用いた意思決定支援は，情報技術のこのような典型的な利活用である。設計の段階では，時系列データの統計的解析・予測の基盤として利活用され，とくに予測結果を選好尺度に基づき評価する際には，不確実性下の意思決定分析，経済性工学，多変量解析によるモデル化などに利活用される。

　設計の段階は，情報システムの技術的な強みが最も期待される段階であるが，一方で，予測対象への理解と知識に基づいて，予測の妥当性を吟味することを忘れてはならない。

　加えて，情報の処理・加工にはオペレーションズ・リサーチ（OR），シミュレーション，統計的手法などの意思決定に必要な手法・アルゴリズム*が利用可能な場合も多い。とくに，近年のコンピュータ技術の急速な進歩により，単に定量的情報の取り扱いにとどまらず，定性的情報も含んだ広く経営に必要な情報を正確かつ迅速にしかも効率的に支援することが可能となっている。今後ますます，AI（人工知能）や洗練されたアルゴリズムと結びついて，たとえば，顧客の購買行動の的確な把握を支援するなど，経営のより深いレベルへの拡大が期待されている。

　一方，リーダーシップ・プロセスにおいても，情報システムは，取引処理や情報検索，さらにはAIを利活用した洗練されたアル

---

*

　ビッグデータ（big data）　人間では全体を把握することが困難な巨大なデータ群を意味する。一般に，volume（量），variety（多様性），velocity（速度あるいは頻度），veracity（正確性），value（価値）の「5つのV」を特徴とするとされる。

　アルゴリズム（algorithm）　ある特定の問題を解く手順を，計算や操作の組み合わせとして明確に定義したもの。具体的には，数学の解法や計算手順，計算プログラム，処理手順の集合などを含む。

ゴリズムに支えられることにより，解決策のモニタリングに役立つだけでなく，次のサイクルの問題解決の準備にも重要な役割を果たす。

しかしながら，たとえ意思決定プロセスがすぐれていても決定を行動に移すリーダーシップ・プロセスが十分に機能しなければ，すぐれた組織成果を達成できるとは限らないことに注意する必要がある。複数の意思決定主体が関与する場合，その間には往々にして不一致が存在するので，問題解決プロセス全体で，それぞれが自らの利益を追求して交渉や取引など政治的な事案が生起することも多い。そのような政治的プロセスは，意思決定プロセス，リーダーシップ・プロセスの両者にまたがり，そこでは各意思決定主体は，自らが利用可能な支援情報を探索するからである。

> コミュニケーションを
> 促進する情報システム

もうひとつは，インターネットなどの通信システムを通して，意思決定主体間のコミュニケーンョンを促進して，問題や解決方法に関するデータ・情報・知識を共有させ，意思決定プロセスの合理性を増大させる役割である。

集団意思決定を支援するためには，その集団の問題解決のプロセスにおいてメンバー間の情報交換・コミュニケーションのパタンをより好ましい方向に導き，より望ましい意思決定が行えるように支援することが必要である。

議論の事実的な誤りを避けるために，タイミングに応じて迅速に必要なデータベースや統計的ツールを提供することは当然不可欠である。事実的な前提に関して議論の負荷をかけないように配慮し，多様な価値的な検討に多くの時間とエネルギーを投入できるようにすべきだからである。

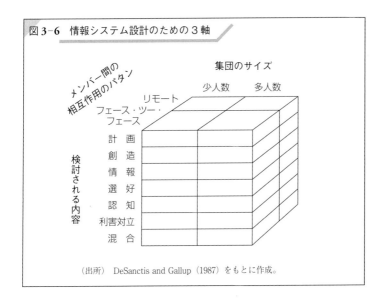

図3-6　情報システム設計のための3軸

集団のサイズ

少人数　　多人数

メンバー間の
相互作用のパタン

リモート

フェース・ツー・
フェース

検討される内容

計　画
創　造
情　報
選　好
認　知
利害対立
混　合

（出所）　DeSanctis and Gallup（1987）をもとに作成。

　情報システムはまさしくそのために導入されるのであるが，その具体的形態は，「メンバー間の相互作用のパタン」（フェース・ツー・フェースかリモートか），「集団のサイズ」「そこで検討される内容」の3つの次元の特徴に応じて適切に設計することが必要であることは，以前からよく知られている（図3-6）（DeSanctis and Gallup, 1987）。そのうちの2次元について示すと表3-5のようになる（第4章参照）。

　リモート会議システムは，フェース・ツー・フェース（対面関係）に比べて，一般に人間間の交流を公式化する傾向をもつので，これを用いたコミュニケーションにおいては，仕事の情報交換の重要性が社会的ニーズ充足より強まり，冗談や笑いが少なくなる傾向がみられる。さらに，いろいろな社会的な手がかりが得られにくくなるため，他人のアイディアに対して批判的になる傾向や，

表3-5　メンバー間の相互作用と集団のサイズ

		集団のサイズ	
		少人数	多人数
メンバー間の相互作用のパタン	フェース・ツー・フェース	デシジョンルームでの意思決定	会議場での意思決定
	リモート	適切なオンラインシステムを用いた意思決定	

極端に仕事志向になって非人間志向になる現象が認められている（第4, 7章参照）。これらの問題点を解消するひとつの方法として，たとえば「バーチャル・コーヒーブレイク」の利用が考えられている。これは，オンラインでコミュニケーションを行っている集団のメンバーが，ミーティングの合間に個人的コメントや冗談を不意にさしはさむことのできるような仕組みである。

　また，「検討される業務の内容」と情報システムの関係について，とくに計画と創造の業務に対して，オンライン・ブレーンストーミングが従来のフェース・ツー・フェースのブレーンストーミングよりすぐれた手段であることが従来から指摘されている（Nunamaker et al., 1987）。

　コミュニケーションのさまざまなツールを駆使して情報共有をしたとしてもコンフリクトの解消が困難で合意形成できない場合，難問題の判断をAIに委ねることは往々にしてありうることである。AIの導き出した結果を「AIの御託宣」のように，人間の上位レベルの判断としてこれに従うことで，コンフリクト

を解消し全員が「安心できる」意思決定に至るというわけである。このようないわば「神のような存在」としてのAIの位置づけは，今後ますます増える可能性をはらんでいる。このことは，人間の本質である「創造力」や「自由」との関係において意思決定の直面する重要な問題であり，人間の優位性の確立は真剣に検討しなければならない課題である。

Column ❸　経営意思決定評価の5E

　本章で述べたように，どのような経営意思決定であれ，代替案を評価する行為は必須である。代替案を評価する一般的な基準としてチェックランド（P. Checkland）は，評価の5Eと呼ばれる次の5つを掲げている（Checkland, 1999）。これらの基準は，どのような意思決定においても考慮すべき一般的なものであるが，重要性に関して階層構造をなし，最初の3つの基準は従来から知られていたが，昨今，後の2つがより注目されてきている。

　最も基本的なのが効率性（efficiency）で，これはいわばコスト・パフォーマンスの概念で，基本的に，投入された経営資源に対する産出されるアウトプットの比として定義される。"Do things right" としてより少ない経営資源の投入でより多くのアウトプットが得られるとき，より効率的であるとする。戦術的な意思決定においてはこの効率的な対応を求めることが基本的な狙いとなる。

　次の基準は有効性（effectiveness）で，"Do the right thing" としてその意思決定が妥当で適切であるかを評価する基準である。現実には，どうでもいいこと（有効でないこと）を一生懸命効率的に求めようとすることも多いので，それを戒める基

準である。経営意思決定では，有効性を確保したうえで，"Do things right" として効率性を達成することが求められる。有効性は効率性の上位に位置づけられる。戦略的意思決定では，有効性を確保することが基本的な狙いとなる。

　3番目は実行可能性（efficacy）でフィージビリティ（feasibility）とも呼ばれる。いかに有効で効率的な代替案が見つかったとしても，それが実行可能でなければ意味がないとして，実行可能性は前者2つの上位に位置づけられる。戦略的意思決定の要は，この有効性と実行可能性の見極めである。実行可能でないような案を実行可能な案に変換するのが，すぐれた経営者の資質かもしれない。

　上記3つの上位に位置づけられる残りの2つは，倫理性（ethicalness）と洗練性（elegance）である。倫理性とは，その代替案の結果が，人間的にあるいは社会的に，さらには自然環境に対して倫理的に違反していないかどうかを評価する基準である。たとえば，効率的に利益をあげる手段が見つかったとしても，それが環境に大きな負荷を与えるのであれば，倫理性の基準からみれば問題であるとする。たとえば，SDGsやコンプライアンス，各種のハラスメントへの配慮も基本的な倫理性の基準といえる。

　一方，洗練性とは，これまで述べた4つの評価基準を満たす代替案が複数見つかったときに，最終的に適用される評価基準である。複数の代替案が同じように，効率的で有効で，さらに実行可能で倫理的であれば，より洗練された代替案を採用しようとするわけである。

宮川公男 (2010),『意思決定論：基礎とアプローチ（新版)』中央経済社。

　✎ 経営意思決定に関する定評ある標準的教科書。

H. A. サイモン著, 二村敏子・桑田耕太郎・高尾義明他訳 (2009),『経営行動：経営組織における意思決定過程の研究（新版)』ダイヤモンド社。

　✎ 意思決定過程の観点から組織を理解しようとするサイモンによる考察は, DX（ディジタル・トランスフォーメーション）の時代にもまったく色あせず, 多くの研究者・実務家から再び注目されている。

木嶋恭一 (2017)「複雑性と意思決定」宮崎久美子編著『技術経営の考え方（新訂)』放送大学教育振興会, 所収。

　✎ 複雑性を取り扱う行為として意思決定をとらえ, コンフリクト（利害対立）や最適化と満足化などを包括的に議論している。

第4章 経営情報と組織のコミュニケーション

● 本章のポイント ●

　本章では，情報処理システムとしての組織の根幹をなすコミュニケーションについて検討する。最初に，コミュニケーション・モデルの展開について説明し，次に，情報技術（IT, ICT）を利活用したコミュニケーションの技術的特性と，情報技術による組織コミュニケーションの分類，それがもたらす組織的効果について考察する。

　理論パースペクティブの展開に着目するとき，ディジタル・メディアの利活用と，メディア能力としてのメディア・リッチネスについて考察することは興味深いものとなる。メディア・リッチネス理論については，クロス・パースペクティブの立場からの理論再構築の試みとして取り上げることができる。

コミュニケーション・モデル　　情報技術によるコミュニケーション　　トランザクション的コミュニケーション　　リレーションシップ的コミュニケーション　　メディア・リッチネス理論　ディジタル・メディアのリッチネス

KEYWORDS

1 コミュニケーション・モデルの展開

情報伝達としての
コミュニケーション

人間の行動のほとんどはコミュニケーションと関連しているため，経営学の確立とともに，コミュニケーションは組織活動にとって必要不可欠なものであることが示されてきた。

たとえば，第2章で述べた，近代組織論の祖であるバーナードは，組織成立の3要素として，共通目的，協働意欲とともにコミュニケーションを掲げ，組織メンバーが共通目的や協働意欲を形成し，維持し，発展させるために，コミュニケーションが不可欠であること，したがってコミュニケーションが組織成立の三要素において中心的地位を占めることを強調している（Barnard, 1938）。また，近代組織論の中核をなすサイモンも，コミュニケーションが組織の意思決定過程において欠くべからざる重要な役割を占めることを指摘している（Simon, 1997）。

経営情報学においてもコミュニケーションは，情報処理活動の根幹をなすものとして，盛んに議論されてきた。それでは，コミュニケーションとは，そもそもどのようなものとしてとらえられてきたのであろうか。伝統的には，コミュニケーションは，何らかの目的や意図をもった送り手が，その意図した情報を，受け手にメッセージとして伝達することとして理解されてきた。図4-1で示されているように，伝統的な **コミュニケーション・モデル** では，コミュニケーションの主要な要素は，送り手，記号化，メッセージとメディア，記号解読，受け手，効果，フィードバックとしてまとめられる。このようなとらえ方は，コミュニケー

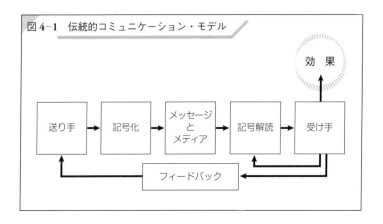

図4-1　伝統的コミュニケーション・モデル

送り手 → 記号化 → メッセージとメディア → 記号解読 → 受け手 → 効果

フィードバック

ションを客観的にとらえようとするモダン・パースペクティブに基づくものであるといえる。

　伝統的モデルの代表的な研究者である，シャノン（C. E. Shannon）とウィーバー（W. Weaver）によると，コミュニケーションには，シンタクティックス・レベル（syntactics level），セマンティックス・レベル（semantics level），プラグマティックス・レベル（pragmatics level）という３つのレベルがあるとされる（Shannon and Weaver, 1949）。シンタクティックス・レベルでは，技術的問題に基づいて，送り手から受け手に，送り手が意図した客観的なシンボルが，いかに正確に伝達されるかということが問題とされる。ここではメッセージの意味が問われることはない。セマンティックス・レベルにおいては，意味の問題が取り上げられるが，これは，伝達されたシンボルが送り手の意図した意味を正確に伝えることができたかどうかのみが問題となる。そして，プラグマティックス・レベルでは，コミュニケーションの効果の問題が取り上げられる。このレベルにおいては，受け手に伝

えられた意味が，受け手の行動や判断に対して，送り手の意図した効果を及ぼしたかどうかが問題とされる。

このような発想はその後も受け継がれ，コミュニケーションの循環やプロセスに，より着眼したさまざまな改善モデルが提示されたが，これらも主として，目的や意図をもった送り手が，それを受け手にメッセージとして伝達することを中心にしてコミュニケーションをとらえていたため，伝統的なモデルの範疇に含まれると考えられている（狩俣，1992）。

情報伝達から
意味形成へ

コミュニケーションは，送り手主体の単なる情報伝達としてとらえられるものなのであろうか。1970年代以降，シンボリック・パースペクティブ（第2章参照）が展開していったことから，コミュニケーションにおいても，主観や解釈，意味という問題がより強調され，その影響を受けたモデルが登場する。そこでは，コミュニケーションは，送り手から受け手への単なる情報の伝達ではなく，送り手が同時に受け手であり，受け手も同時に送り手であるような，相互主体的に解釈をぶつけ合う，多面的な相互理解の過程であり，メッセージを媒介として意味を形成していく動態的過程としてとらえられる。

このようなコミュニケーションに対する理解は，組織コミュニケーションに関する研究においても顕著に現れている。伝統的には，特定の組織において，目的や意図をもった上司が部下に命令を伝達するなど，送り手主体で行われる，送り手から受け手への単なる情報の伝達として扱われてきた。しかし，1970年代頃からは，組織コミュニケーションも循環的なプロセスとして，コミュニケーションの当事者間の主観的・連続的な相互作用を通じ

た意味形成過程として考察され，新しいアプローチが求められるようになる。第2章で検討した組織化のモデルでも，シンボリック・パースペクティブの発想から，組織化の実態はまさにコミュニケーションであるとされ，組織において人々が，協働行為を可能にするレベルまで多義性を削減するために，コミュニケーションを行うことが強調されている。

2 情報技術を利活用したコミュニケーション

ディジタル・メディア
の技術的特性

エレクトロニクス技術の進展と電気通信事業法等の制定による，1980年代の「ニューメディア*」ブーム以来，時間的・空間的制約をどのように克服するか，企業活動において人と情報技術がもつ情報処理機能をどのように相互に関連づけるかが検討されてきた。企業のコミュニケーションに関しても，**情報技術によるコミュニケーション**をどのように行うか，ディジタル・メディアをどのように利活用するかが重要な課題のひとつとなっていった。

　前節では，コミュニケーション・モデルが，送り手中心の一方向直線的な情報伝達から，当事者間の相互主体的な多面的・連続的な相互作用による，意味形成過程として考察されてきたことを検討した。情報技術によるコミュニケーションは，モダン・

---

*
ニューメディア　この呼称は，マスメディアに対して，これらにとらわれない電子メディアを意味するために使われた。必ずしもディジタル技術だけでなく，アナログ技術も利活用しているものもある。

パースペクティブの発想に基づくと，客観的に存在するシンボルを，正確に効率よく伝達する特性が着目される。一方，シンボリック・パースペクティブの発想も踏まえると，社会的相互作用による意味形成過程を助長するものとなりうるかどうかが重要となる。たとえば，相互作用性，個別化，同報性，非同期性などの技術的特性は早くから多義性削減と関係づけられている（Rogers, 1986）。

相互作用性では，すべてのディジタル・メディアが，ある程度の会話的相互作用性をもつことが問題とされる。コミュニケーションの方向性は単一方向だけでなく，コミュニケーションの当事者はすべて，単なる反応者ではなく，主体的に解釈する能動的な存在としてとらえられ，会話的相互作用を通じて「われわれの解釈」が開発されることを助ける。

個別化とは，ディジタル・メディアが，多数の受け手の中の特定の個人・集団に対して，特定のメッセージを送ることができることを意味する。個別化は，実際には対面関係ではない環境において，対面による個人間コミュニケーションに類似する環境を提供し，相互に解釈を交わしやすくすることで意味形成を助長する。

同報性は，多数の人に同時にメッセージを送ることを表す特性である。これは，組織にいて「知らなかった」という現象をなくすことで，各々の意味の解釈を前提に，相互理解を促進するもととなる可能性をもつ。

非同期性は，ディジタル・メディアが，各個人の都合のよい時点で，メッセージを送ったり受け取ったりする能力を有することを意味する。すなわち，結果的に，時間のコントロールが可能となり，より柔軟に相互に作用し，多様な解釈のやり取りを誘発す

る可能性が高まる。

　この他にも，外部記憶，記憶処理といった技術的特性は，シンボルの客観的な処理だけでなく，多義性削減との関わりからも重要な意味をもつ。外部記憶とは，電子的なメッセージを保存し，いつでも検索できることをいい，記憶処理とは，外部記憶されたメッセージをコンピュータで処理し，過去のデータとの差異を比較してデータの収集や分析の方法論を確立することを可能にしている。これらの属性は，すべてのメッセージの対話的記録をビッグデータとして扱えるようになった今日，組織における問題分析や問題解決を効率的に促進するのみならず，多義的な問題に対して気づきを誘発し，意味を形成していくうえで重要な役割を果たしている。

| トランザクション的コミュニケーションとリレーションシップ的コミュニケーション |

情報技術によるコミュニケーションは，組織の中で最も重要なプロセスであるコミュニケーションに用いられるので，メインフレーム・コンピュータ革命よりも，パーソナル・コンピュータ革命よりも重要な意味をもつといわれてきた（Sproull and Kiesler, 1992）。

　とくに企業組織においては，情報技術によるコミュニケーションは，主として **トランザクション的コミュニケーション** と **リレーションシップ的コミュニケーション** に分類されている（Benbasat and DeSanctis, 2001）。もともと情報技術によるコミュニケーションは，「トランザクション（transaction）」としてとらえて評価・分析し，あるべき方向が検討され，いかに効率的で効果的に情報の伝達や交換を行うかに重点が置かれてきた。しかし，コミュニケーションがもつ意味からも，これを「リレーションシップ

（relationship）」としてとらえることが不可欠であり，そこでは，情報交換のスピードや正確性よりも，社会的コンテクストの問題が注目されるようになった。

　トランザクション的コミュニケーションでは，スピードや利用率，大量の情報交換のためのコストや時間の効率性に重点が置かれるのに対し，リレーションシップ的コミュニケーションでは相互信頼や相互学習を促進する情報内容の相互理解や充実度が重要になる。トランザクションとしての見地では物理的な距離の克服が重要であるが，リレーションシップの見地では心理的な距離の克服に重点が置かれる。これらは相互に補完的なものであり，情報技術によるコミュニケーションでは，トランザクションを実行し，リレーションシップを構築するという2つの役割を果たすように設計されることが求められる。

　そもそも，コミュニケーションの当事者間に存在する「信頼（trust）」のレベルには主として2つのものがあり，それらは，「認知ベースの信頼（cognition-based trust）」と「感情ベースの信頼（affect-based trust）」と呼ばれている（Lewis and Weigert, 1985）。認知ベースの信頼は，個々のトランザクションの実現度に満足するレベルの信頼である。つまり，このような信頼をもつだけの合理的根拠があるか，責任や能力があるかということと関係している。一方，感情ベースの信頼は，リレーションシップ的コミュニケーションにおいて不可欠なものとなる。これは，長期的な評価に基づき，トランザクションを繰り返す中で，期待と実現度に差があってもそれを許容できるような高レベルの信頼であり，社会的視点に立った，関心，恩義，敬意とも関係している。こうした感情ベースの信頼は認知ベースの信頼から発展すること

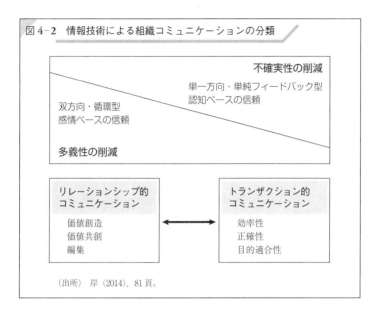

図4-2　情報技術による組織コミュニケーションの分類

不確実性の削減

単一方向・単純フィードバック型
認知ベースの信頼

双方向・循環型
感情ベースの信頼

多義性の削減

リレーションシップ的
コミュニケーション

価値創造
価値共創
編集

トランザクション的
コミュニケーション

効率性
正確性
目的適合性

（出所）岸（2014），81頁。

もあるが，その形成には，当事者間で相互に共鳴したり，共感したり，感動するといった，主観を交わす経験を通じた一体感が社会的に生まれることが必要となる。

　トランザクション的コミュニケーションとリレーションシップ的コミュニケーションの特徴は図4-2のようにまとめられる。

情報技術による
コミュニケーション
の組織的効果

　上述したような技術的特性をもつ情報技術によるコミュニケーションは，物理的距離をなくす。同時に場が至るところに出現する。これによって，場所の拘束力が低下するとともに，社会の構成秩序自体が変容する（吉見，2004）。

　情報技術によるコミュニケーションのもたらす組織的効果としては，技術的に期待される効果だけでなく，社会的な効果にも注

目しなければならないことは早くから指摘されてきた。ここでも，シンボリック・パースペクティブの発想を読み取ることができる。前者は，従来のメディアにはない技術的特性がもたらす機能性やアクセス可能性の視点から検討される。一方，後者は，当事者間の社会的相互作用といった社会的観点から検討されている（Soe and Markus, 1993）。

　情報技術によるコミュニケーションは，組織の諸側面にさまざまな変化をもたらす。電子メール，チャット，SNS，Web会議のようなディジタル・メディアは，単に空間と時間の制約を取り除くだけでなく，組織において階層や部門の障壁を取り払い，標準的な作業手順，組織の規範やルール，組織の行動パタンや組織構造・文化にも大きな変化を引き起こしている。すでにわれわれは，コロナ禍におけるリモートワークへの強制的移行が何をもたらしているかについて考えさせられている（第7章参照）。このような情報技術によるコミュニケーションがもたらす組織的効果に関しては，スプロール（L. Sproull）とキースラー（S. Kiesler）が，「技術発展の二段階理論」としてまとめている（Sproull and Kiesler, 1992）。

　第1段階の効果は，生産性や効率性の向上といった予測可能な技術的効果である。たとえば，単純な連絡などを行う場合，電子メールは非同期的であるため，同期的な電話によるコミュニケーションに比べて効率的なものとなる可能性が高い。また，電子メールの同報性は，同時に何人にでも同じメッセージを送ることができるので，対応時間の短縮とコミュニケーションの定型化によって，効率性の向上を促進することができる。この効果はまた，測定することができるものでもある。たとえば，ボイスツールを

導入しようとしている企業では，その効率化の効果を，導入によって人件費をどれだけ節約できるかという経費削減計算や，担当者に別の仕事を割り当てることが生み出す付加価値計算によって把握することができる。

　第2段階の効果は，社会システム上の変化である。これは，今までと違うことに関心を向け，今までと違う人々と知り合い，今までと違うかたちで関わり合うようになるところから生まれる。これらは，人々の時間の過ごし方，重要と考えるもの，社会的接触，相互依存関係を変化させる。そして，社会的役割の変化は人々の関心の持ち方や社会的な関係も変化させるのである。

　これらの組織的効果に関しては，その可能性として以下の点に留意することが求められている。第1段階の効果を偏重し，第2段階の効果が軽視される傾向があること，予期せぬ結果は第1段階の効果よりも第2段階の効果から生じる可能性が高いこと，第2段階の効果は，人々の行動や考え方が変化してしまった後で，その変化について考え直されるようになったときにはじめて現れること，第2段階の効果はそれ自体，社会や組織から影響を受けたり影響を与えたりしており，技術を利活用している人間自身も技術の設計と方向性をつくり出すことで第2段階の変化に影響を与えていることである。このことは，後に検討するリモートワークにおいて，組織において利活用されるディジタル・メディアが，組織の効率性を向上させるだけでなく，組織に影響を及ぼしたり，影響されたりする，相互作用する存在であることを示唆している（第7章参照）。

3 メディア能力としてのメディア・リッチネス

> メディア・リッチネス
> 理論

　従来，組織におけるメディア研究は，人と文書といったような情報源の相違を扱うものがその多くを占めてきた。しかし，単に情報源だけでなく，コミュニケーション活動そのものに着目することの重要性が指摘されるようになった。

　このような流れの中で生まれた**メディア・リッチネス理論**は，当初，「メディア・リッチネス（media richness）」を，コミュニケーション・メディアが生来もつ客観的「能力（capacity）」としてとらえ，組織の情報処理負荷に適したリッチネスをもつメディアを利活用する合理的なプロセスによって，組織コミュニケーションの有効性が確保されることを主張した。その端緒は，ダフト（R. L. Daft）とレンゲル（R. H. Lengel）の研究に求められる（Daft and Lengel, 1986）。本来，メディア活用は状況を考慮した行為を指すのに対し，メディア選択は特定の事例に対する個人的な意思決定を指すものとして区別される。前者はよりマクロな分析，後者はよりミクロな分析として別々に議論される場合もある。しかし，組織のメディア活用を取り上げたこの理論の提唱者であるダフトらも，実証研究では具体的なメディア選択を扱っていることから，ここでも，これにならい，両者を知覚に対する行為として，とらえている。

　この理論は，第2章で検討した組織の情報処理モデルをその基礎としている。すなわち，メディア・リッチネス理論では，組織の情報処理負荷として主として多義性に着目したうえで，組織

的有効性を確保するためには，情報処理負荷に応じて，異なった
リッチネス・レベルのコミュニケーション・メディアをうまく適
合させるように活用するという，条件適合的な関係があることを
前提にしている。メディア・リッチネス理論は，基本的にモダ
ン・パースペクティブの発想に基づいて開発されたものであるが，
多義性削減を扱うことで，解釈主義の視点を加えようとしており，
この点からクロス・パースペクティブからの接近を秘めるもので
あった（第2章参照）。ただし，メディア・リッチネスはメディア
生来の固有の客観的能力であり，組織のコミュニケーション活動
における相互理解の促進は，コミュニケーション・メディアの能
力によって異なり，そのメディアの能力を知覚することと，これ
を利活用することとは基本的に一致するものとして，主に実証研
究が用いられていた。そのため，理論の検証は，管理者を対象に，
多義的であると仮定されたメッセージに対して，どのメディアを
選択するかによるものが多かった。

　前述したように，メディア・リッチネス理論は，とくに組織の
コミュニケーション活動における多義性削減という問題を，メ
ディア・リッチネスというコミュニケーション・メディアのもつ
客観的な能力という視点から論じることに焦点を当てていた。こ
の意味で，メディア・リッチネス理論のフレームワークはあくま
でモダン・パースペクティブの発想に基づいている。

| 客観的能力としての
メディア・リッチネス

メディア・リッチネスとは，メディアの
潜在的な情報伝達力であり，コミュニ
ケーションの当事者間でひとつの共通理
解に収束するために，互いの理解を変更し，異なった概念の準拠
枠を克服し，曖昧な事柄を明確にする，メディア生来の客観的能

力・属性である。具体的には，①迅速なフィードバックの入手可能性，②多様な手がかりを同時に運ぶ能力，③個人にどの程度焦点を当てているかという3つの包括概念として定義されていた。ダフトとレンゲルは，当初，①迅速なフィードバックの入手可能性（フィードバックの迅速性），②多様な手がかりを同時に運ぶ能力（手がかりの多さ），③言語の多様性（たとえば，ボディ・ランゲージまで含むのか，自然言語か，数字のみか），④個人にどの程度焦点を当てているか（個人的要因の多さ）という4つの包括概念として定義していたが，後に，彼ら自身，言語の多様性を手がかりの多様性に含めて3つにまとめている。その後の研究でもこの理解が踏襲されている。いずれにしても，誰がどこで利活用しても変わらない，メディア生来の客観的能力としてリッチネスは概念化されていた。

　この定義に基づくと，伝統的メディアにおいてリッチネス・レベルが最も高いメディアは対面関係である。ついで，電話（ここではアナログ回線による伝統的固定電話のこと），私信，公の文書の順にリッチネスのレベルは低くなる。対面関係は，理解の相違を克服する徹底した議論を，直接しかも自然言語のみならずボディ・ランゲージまで利用して行えるうえ，タイムリーに共通理解を促進し，その場での迅速なフィードバックを行うこともできる。また，対象者に焦点を絞ったコミュニケーションが可能となる。ゆえに，対面関係はメディア・リッチネスが最も高いものと考えられる。

　電話は，理解を変更しうる迅速なフィードバックが可能であるが，対面関係のような視覚的な手がかりはなく，音声のみのやり取りとなる。しかし，通常の電話の利活用では対象者に焦点を

絞ったコミュニケーションが可能であるため，共通理解を促進しやすい。

　文書は，フィードバックに時間がかかり，紙に限定された手がかりしかない。したがって，一般的に，理解の相違を克服することが難しい。個人的な対象者がいない，不特定な人を対象としたものは，特定の人を対象としたものより，リッチネスのレベルがより低くなる。

　概して，口頭のメディアは文書メディアより，また同期的メディアは非同期的メディアより，リッチネスのレベルが高い。伝統的メディアに関しては，リッチネス・レベルについての理論の予測と実証分析結果は一致している。

ディジタル・メディア
のメディア・リッチネス

1980 年代以降，いわゆるニューメディアが普及して以来，手紙，電話，対面関係といった伝統的なメディアは，電子メール，テレビ会議のようなものに取って代わられると当初は予想されていた。また，コンピュータを介したコミュニケーションは，前節で検討したようにリレーションシップを構築するために，何らかのリッチネスを付加するものとして期待されていた。

　しかし，企業が莫大な投資を行ってコミュニケーション・システムの整備に努めているにもかかわらず，現実のコミュニケーションでは，対面関係や電話といった伝統的なメディアが相変わらず好んで利活用されていることが明らかにされると，このような現象を説明するものとして，伝統的なメディア・リッチネス理論のフレームワークを維持しながらディジタル・メディアに拡張するための研究も現れ，一定の理解を得た。基本的に伝統的フレームワークに基づいて現象を検証するメディア・リッチネ

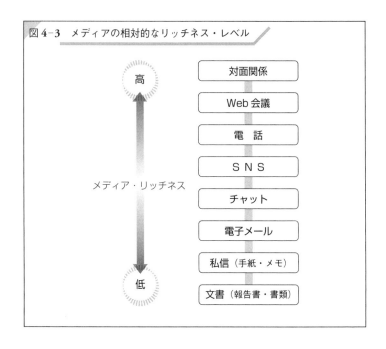

図4-3　メディアの相対的なリッチネス・レベル

高

メディア・リッチネス

低

対面関係

Web会議

電　話

ＳＮＳ

チャット

電子メール

私信（手紙・メモ）

文書（報告書・書類）

ス研究は今日でも行われ，成果をあげている（Harrison, 1997；
Gyamfi and Williams eds., 2018）。

　伝統的メディアを対象としてつくられたメディア・リッチネス
のフレームワークに基づいて今日のメディアを列挙すると図4-
3のようになる。Web会議やSNSは単一のメディアというより，
多様な機能が備わったものが一般的となっているが，ここでは，
それぞれ，テレビ会議ツール，社内交流ツールとして単一の機能
に着目して取り上げている。一方で，対象メディアが多様化した
ことによって，この理論では説明できない現象も生じた。たとえ
ば，電子メールは，理論上，リッチネス・レベルの低いメディア
であり，多義的な状況下に置かれている管理者層は，このメディ

アを相対的にあまり利活用しないことが理論上は予測されていた。しかし，組織階層の上位レベルは下位レベルに比べて，電子メールをより選好している実態が比較的早い時期から指摘された。

このような経緯から，当初のメディア・リッチネス理論を，ディジタル・メディアを含めて議論する際には新たな考察が求められるようになり，メディア・リッチネス研究において，現象への説明力を増すように，さまざまな角度からの修正が行われるようになった。たとえば，伝統的メディアに関して概念化されたリッチネスの構成次元を，ディジタル・メディア特有の属性も含めて問い直す必要性が指摘された。メディア・リッチネスが組織の情報処理活動における多義性削減に関わるものであるとするならば，前述した相互作用性や，伝統的メディアには存在しなかった，同報性，外部記憶，記憶処理といった特性も，メディア・リッチネス概念を構成する可能性をもつことになる（Markus, 1994）。これらの属性は，前述したように，組織における解釈の収束，相互理解，問題解決を促進するうえで重要な役割を果たしていることから，多義性削減に関係していると考えられる。

このように，情報技術によるコミュニケーションの技術的特性を考慮することで，メディア・リッチネス概念そのものの構成次元を修正すると，メディアのリッチネス・レベルそのものが変化し，メディア・リッチネスの現実への説明力が，より増すとも考えられるようになった。しかし，この発想は基本的にメディア・リッチネスを客観的にとらえようとするモダン・パースペクティブの視角を踏襲している。

拡張するメディア・
リッチネス

管理者のメディア利活用が合理的に行われるという当初の研究では，各メディアに固有のリッチネスの知覚と，そのメディアの利活用とは一致すると考えられていた。つまり，組織における有効なコミュニケーションでは，組織メンバーはタスクの多義性に対して，その削減に適したリッチネスをもつメディアを合理的に選択し利活用すべきとされてきた。しかし，実際には，組織における**ディジタル・メディアのリッチネス**は，以下で述べるように，状況的要因，社会的要因，経験レベルなどの要因からも強く影響を受け，拡張される（**表4-1**）。

ディジタル・メディアのリッチネスに関しては，まず，状況的要因が考慮される。有効なコミュニケーションを実現するために，タスクの多義性に対処しうる対面関係を利活用したいという場合でも，時間がない，そこに行けないという物理的制約から，相対的にリッチネスの低いディジタル・メディアで状況にうまく対処しなければならない場合も多い。このような場合，対面関係を代替あるいは補完するようにディジタル・メディアを他のメディアと併用するなどして，よりリッチなメディアに拡張することが求められることになる（*Column* ❹ 参照）。

また，時空間の制約を克服できるかどうかは，当該ディジタル・メディアが，実際にユニバーサル・アクセスが可能なものであるかという状況的要因によっても影響される。これは，相手が必要に応じてメディアに物理的にアクセスできるということだけでなく，メディア能力を発揮するようにアクセスすることを保証するものでなければならない。後者の意味では，純粋に客観的な状況の問題であるというより社会的な状況の問題であるともいえ

表 4-1 メディア・リッチネス理論における議論の展開

状況的要因	物理的状況	● 距離 ● 時間
	ユニバーサル・アクセス性	● アクセス可能性
社会的要因	社会的影響	● 同僚や上司の態度 ● 仕事集団の規範やルール ● 受け手との関係性
	シンボリックな要因	● メディアのシンボリックな意味
経験	経験レベル	● メディアの利活用 ● コミュニケーションの内容 ● コミュニケーションの相手 ● 組織コンテクスト

(出所) 岸 (2014), 94 頁に一部加筆。

る。つまり，意図した相手が望んだ時間内でメッセージを受け取り，対応するかどうかも考慮して，メディアを利活用しなければならないという意味から，社会的側面の重要性が指摘されている。ディジタル・メディアのリッチネスの拡張には，当該メディアをアクセス可能に利活用しうるかを，社会的コンテクストに照らして考慮しなければならない。

　さらに，ディジタル・メディアのリッチネスに関しては，個人の選択行動に対する社会的影響やメディアがもつシンボリックな要因などの社会的要因，さらには経験レベルの影響を考慮することも求められる。社会的影響を強調する研究は，個人のメディアの知覚や利活用が，社会的プロセスの影響を受ける主観的なものであることを主張する。社会的影響としては，同僚や上司の態度や行動，仕事集団の規範やルール，受け手との関係から受ける影

響などがある。たとえば，組織においては，その組織のキーパーソンがどのようにメディアを利活用しているかどうかが重要な意味をもつ。個人の行動は，メディア活用も含め，価値があると思われる他者の行動を模倣する傾向にあるからである。

　それゆえ，社会的要因からメディア活用を説明しようとする研究は，利活用の場である組織コンテクストの影響を強調するものでもある。当初のメディア・リッチネス理論の予測では，多義性の高いタスクにはリッチなメディアを利活用することが，組織を超えて有効性の確保に欠かせないとされていたが，社会的要因からメディア活用を説明しようとする研究では，メディアの知覚や利活用は組織ごとに異なっていることが強調される。たとえば，メディアはそれ自体，メッセージ内容を超えた意味をもつことができる。たとえば，今日のディジタル社会では，一般的に，対面関係は関心，気づかいなどを，文書は権威，公式性などを，より強く意味している。しかし，シンボリックなものは時間の経過とともに組織によって社会的に構築される。伝統的メディアに比べると歴史的な時間の経過がまだ浅いディジタル・メディアに関しては，シンボリックなものは，組織やその文化によって顕著に異なっている。シンボリックな要因としてメディア自体がもつメッセージとしての意味が，メディアの利活用にとって重要なものとなりうる。これらの研究は，メディア・リッチネスが，組織コンテクストとは独立した，コミュニケーション・メディアの客観的な能力であるという考えを否定している。すなわち，組織コンテクストを考慮して，ディジタル・メディアを利活用することが，当該メディアのメディア・リッチネスを拡張するためには重要となる。

加えて，ディジタル・メディアのリッチネスは，経験レベルが重要な影響を及ぼす。「チャネル拡張理論（channel expansion theory）」では，ディジタル・メディアのリッチネスが，客観的能力として各メディアに固有のものではなく，経験によって開発されることを主張している（Carlson and Zmud, 1999）。そこで重要とされる経験は，個人がそのメディアをどのくらい利活用したことがあるかというメディアそのものに関する経験，コミュニケーション・パートナーをどのくらい知っているかというコミュニケーション・パートナーに関する経験，扱われているコミュニケーションの内容にどのくらい馴染みがあるかというコミュニケーション・トピックに関する経験，コミュニケーションが行われる場をどのくらい理解しているかという組織コンテクストに関する経験という4つである。これらの経験を積むことによって，ディジタル・メディアは，よりリッチなものに拡張され，より有効なコミュニケーションを導くものになることが明らかにされている。組織における経験への着目は，有効なメディア活用に影響を及ぼすだけでなく，学習プロセスを通じてメディア・リッチネスという能力そのものを社会的に構築する，動態的なプロセスの考察を可能にするものでもある（岸, 2014）。

　しかし，今日では常にソーシャル・メディアでつながっている状況が生み出されており，これまでとは異なったかたちで経験を生み出す効果が後押しされている。メディア活用，コミュニケーションの内容，コミュニケーションの相手，組織コンテクストについて，これまでは実体験を積むことでしか経験レベルを上げられなかったものが，ソーシャル・メディアの利活用を通じて，時間や空間の制約によらず，また，意図するかしないかにかかわら

ず，経験レベルを上げることが可能になっている。ソーシャル・メディアの利活用によって，バーチャルな場で，あるトピックについての有益な情報を獲得したり，何気ないやり取りから相互理解を促進し，信頼関係を深め，さらには組織コンテクストを共有したりすることが，ごく自然に可能になっている。ソーシャル・メディアでつながっている時代では，さまざまなメディアのリッチネスは動態的にとらえなければならなくなっているといえよう（Neeley, 2021）。

　各メディアのメディア・リッチネスという能力は想定できるが，客観的に存在する能力としてとらえるのみならず，当該利用者の主観に基づいて社会的に構築されることを考慮しなければならない。ここに，シンボリック・パースペクティブの発想を取り込む試みを実感することができる。

❋ Column ❹　メディアの併用によるメディア・リッチネスの拡張

　特定のディジタル・メディアのリッチネスは，他のメディアの利活用に応じて開発されうるものであるとの指摘もある（Sætre et al., 2007）。これは，あるディジタル・メディアのリッチネスが，よりリッチとされる他のメディアとの併用によって，拡張される可能性があることを示している。時間軸は異なるが，何度も対面で会ったことのある人に対しては，Web 会議がより使いやすいものとなることは誰もが実感している現象である。これは，コミュニケーション・パートナーへの経験を積むという視点からも説明できるが，対面関係の利活用によって，Web 会議のリッチネスが，より拡張されることを意味しているとも

とらえられる。すなわち，とくに対面関係は相手がどのような人かを理解するのに役立つものであり，その後に利活用するディジタル・メディアをよりリッチなものへと導き，コミュニケーションをより有効にすると考えられている（Sætre et al., 2007）。

　ある電子メディアのメディア・リッチネスがよりリッチとされる他のメディアとの併用によって拡張されることについては，2009年から12年にかけてアメリカのロサンゼルス日系企業の代表レベルを対象に，本社とのコミュニケーションに関して行ったヒアリング調査の中でも，数多くの回答が得られている。たとえば，電子メールを有効に利活用するために必ず電話と併用するようする，電子メールはテレビ電話，電話会議，フェース・ツー・フェース（対面関係）などのインタラクティブなメディアと併用されるようになると，より込み入った内容を扱えるようになる，Web会議と電話は必ず併用するなどである。これらの回答では，ディジタル・メディアのメディア・リッチネスが，よりリッチネス・レベルが高いとされる他のメディアとの併用によって拡張されることを指摘している。

　今日では多くのディジタル・メディアが単一の機能だけでなく多くの機能を備えていることから，メディア・リッチネスを拡張する機能をすでに備えていることを考慮しなければならない（岸，2014）。

文献案内　　　　　　　　REFERENCE

岸眞理子（2014），『メディア・リッチネス理論の再構想』中央経済社。

✎ メディア・リッチネス理論の展開とディジタル・メディアのリッチネスに関して，拡張の可能性を検討している。

L. スプロール・S. キースラー著，加藤丈夫訳（1993），『コネクションズ：電子ネットワークで変わる社会』アスキー出版。

✎ 情報技術ベースのコミュニケーションによる組織的効果を検討している。

G. W. ディクソン・G. デサンクティス編，橋立克明・小畑喜一・池田利明・小岩由美子・山本英一郎訳（2002），『新リレーションとモデルのための IT 企業戦略とディジタル社会』ピアソン・エデュケーション。

✎ 情報技術の進展がもたらす社会の変容について考察している。

E. M. ロジャース・R. A. ロジャース著，宇野善康・浜田とも子訳（1985），『組織コミュニケーション学入門：心理学的アプローチからシステム論的アプローチへ』ブレーン出版。

✎ 組織コミュニケーションのわかりやすい入門書である。

● 本章のポイント ●

　本章では，情報処理システムとしての組織の諸活動
の変革を具体化する技術について考察する。とくに，
組織と技術，さらに組織と情報システムとの関わりに
ついて検討する。その際，これらの関わりの検討を，
第2章で紹介した理論パースペクティブに留意しな
がら進める。

　技術についての考察は，経営情報学が，情報技術に
よって特徴づけられる情報システムを扱ううえでも重
要なヒントを与えてくれる。情報システムについても，
モダン・パースペクティブにおいては，マネジメント
を行うための道具・手段という視点から，ある情報技
術を前提にすると組織はどうあるべきか，あるいは，
ある組織が特定の情報システムをどう利活用すべきか
を中心に検討がなされた。しかし，シンボリック・
パースペクティブでは，組織が情報システムをどのよ
うに利活用するかということより，情報システムが組
織の社会構造とイナクトメントによってどのように生
み出されるかに主眼が置かれる。組織は情報システム
との動的な相互作用によって，これを社会的に構築し
ていくことが重要な課題となる。本章では，これらの
経緯を概念や理論の展開から検討していく。

技術　　技術的規定　　組織的規定　　技術の社会的構築　　情
報技術と組織の集権化・分権化　　伝統的な経営情報システム
情報システムのシンボリックな側面

KEYWORDS

117

1 組織と技術

技術のとらえ方

技術 とはどのようにとらえられるか。技術のとらえ方は，前述した，理論パースペクティブ，すなわち関連する理論の大きなまとまりごとに異なっている。

第2章で述べたように，モダン・パースペクティブは，組織を現実世界で機能する客観的な実在としてとらえ，技術に関しても客観的にとらえたうえで，道具志向，技法志向を追求している。一方，シンボリック・パースペクティブは，現実を社会的に認識され解釈されたものとしてとらえ，技術が組織の社会構造とイナクトメントによってどのように生み出されるかに主眼を置く。技術は社会的プロセスの結果であると同時に，現在の組織の活動プロセスそのものでもあり，組織と技術は切り離せないものと考えられている。

技術の定義として，組織の情報処理モデルの先駆者ともされるペロー（C. Perrow）は，道具や機械的設備を利活用する場合も，あるいはそうでない場合も，インプットをアウトプットに変換するのに利用されるアクション（行為）とした（Perrow, 1967）。この発想は，企業全体，部門，タスクといったさまざまな分析レベルでも，また，サービス技術にも製造技術（これらの区別は明確でない場合が多い）にも広く用いることができるが，あくまで技術をすでに存在しているものとしてとらえようとした姿勢が貫かれている。

環境からのインプットは組織が制御できるものとは限らない。

制御できないインプットが投入された場合には，組織はその対応のための手段をつくり出すことによって有効性を確保しようとする。インプットが標準的なものであるか否かで，標準的な技術で対応可能か否か，組織の対処の仕方が変化する。また，インプットについて組織が十分な知識をもっているかどうかで，対処する組織の技法が分析的となるか，直観や経験によるものとなるかが異なってくる。これらの技術のタイプの違いに応じて，適切な組織のあり方を適合させることが組織の有効性を決定するとされていた（Perrow, 1967）。この意味で，技術は，第1章で示された「業務プロセス」を特徴づける要因と考えられる。

　その後の研究では，ペローの技術類型を用いて，技術の違いによって不確実性や多義性という情報処理負荷への組織の対処が異なることも指摘された。ペローのモデルは技術の分析に解釈という視点を入れ込んでおり，これが多義性という解釈主義の視点を付加していった点は看過できない（図5-1）。技術が道具や機械的設備そのもののみを意味するものではなく，それを利活用して，あるいは利活用しないで，対象に変化を加えるアクションであるという考えは，組織の情報処理について，クロス・パースペクティブの示唆を与える試みとなった。

組織と技術の関わり

組織と技術の関わりは，技術が組織のあり方をどのように規定するか，組織が技術をどのように利活用するかという発想から，組織と技術とは密接に相互作用するものであり，こうしたプロセスを通じて，技術は社会的に構築されるものとしてとらえられるものまで多岐にわたる。

　本書では，組織と技術は独立したものではあるが切り離せない

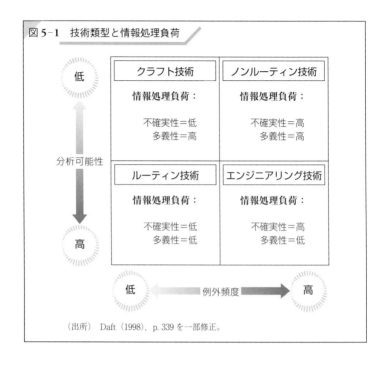

図 5-1　技術類型と情報処理負荷

低	クラフト技術	ノンルーティン技術
	情報処理負荷：	情報処理負荷：
	不確実性＝低 多義性＝高	不確実性＝高 多義性＝高
ルーティン技術	エンジニアリング技術
	情報処理負荷：	情報処理負荷：
高	不確実性＝低 多義性＝低	不確実性＝高 多義性＝低

分析可能性

低　←　例外頻度　→　高

（出所）　Daft（1998），p. 339 を一部修正。

ものであり，客観的なとらえ方だけでは現象を説明しきれない場合には，相対性や主観性を取り入れながらも，何らかの規則性を追求することこそ，目まぐるしく変化する組織と技術の関わりを理解するために必要な指針になると考える。

　組織と技術の関わりについてのモデルを検討するに当たり，まず，本書が軸足を置くモダン・パースペクティブから議論した後に，シンボリック・パースペクティブからも接近を試み，これを取り入れたクロス・パースペクティブの発想で考察していく足がかりとする。

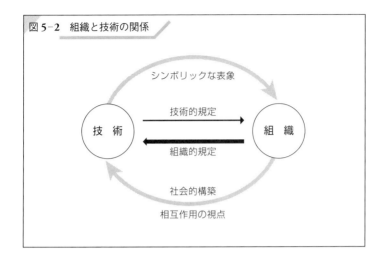

図 5-2　組織と技術の関係

シンボリックな表象

技　術　→ 技術的規定 → 組　織

← 組織的規定 ←

社会的構築

相互作用の視点

基本的な視点の展開　そもそも組織と技術との関係はどのように検討されてきたのであろうか。モダン・パースペクティブでは，組織と技術をそれぞれ客観的なものとしてとらえ，特定の組織と特定の技術のあり方の適合関係を考察の対象とし，技術が組織のあり方をどのように規定するか，組織が技術をどのように利活用するかについて検討してきた。前者は，**技術的規定** の視点であり，後者は **組織的規定** の視点である。これに対して，シンボリック・パースペクティブでは，技術が組織の社会構造とイナクトメントによってどのように生み出されるかに主眼が置かれ，組織と技術の動的な相互作用によって，技術は社会的に構築されるものであり，組織と技術は切り離せないものであることを強調する。このような相互作用の視点では，何を生み出すかよりも，どのように生み出されるかが焦点となる（図5-2）。

以下では，上記3つの視点から組織と技術との関わりを検討していく。第1の技術が組織のあり方を規定するという技術的規定という視点は，一般に技術決定論の流れとしてとらえられる。その代表例には，第**2**章で検討したコンティンジェンシー理論の技術学派とされるウッドワード（J. Woodward）の研究や，組織の情報処理モデルの先駆者とされるトンプソン（J. D. Thompson）やペローの研究があげられる。彼らは，経営組織論に技術概念を取り入れた代表的モダニストとされる（Hatch, 2013）。これらの研究は，それぞれ，扱う技術は異なってはいるが，組織が着目する要因として技術に焦点を当てたという点では共通しており，後述するように，主として技術の類型化とこれに適応する組織のあり方を検討した。

　第2の視点，すなわち，組織が技術の利活用を規定するという組織的規定という視点の登場に貢献したのは，第**2**章で取り上げた，組織の情報処理モデルである。このモデルを確立したガルブレイス（J. R. Galbraith）は，情報処理システムとしての組織のあり方を，組織自らが選択することを検討した。組織は，情報処理の負荷と，組織構造や情報システムなどを含む組織の情報処理能力を見定め，これらを適合させるように対処するとされた。すなわち，組織は，情報処理負荷を削減するか，あるいは情報処理能力を向上させるためのさまざまな技術や組織のあり方のいずれか，あるいはその組み合わせを選択し，環境の不確実性への対処を試みるものとされた。

　第3の相互作用の視点は，第1，第2のモダン・パースペクティブの視点に対して，組織と技術の動的な相互作用を検討するシンボリック・パースペクティブからの接近である。ここで

は，技術は，組織の社会的なプロセスの結果であると同時に，現在行っている組織の学習活動プロセスやデザイン活動プロセスそのものでもあるとされる。代表的な理論としては，「技術の社会的構築（SCOT：Social Construction of Technology）」論があげられよう。**技術の社会的構築**に関連する考え方では，組織と技術は，分離した独立体ではあるが，切り離すことのできないものであり，そのあり方は常に変化するものである点が強調されている。これに対して，ポストモダン的視点をもつものにおいては，たとえばアクター・ネットワーク論のように（*Column* ❺ 参照），組織と技術を分離した独立体としてはとらえない理論も登場している（Hatch, 2013）。

2 モダン・パースペクティブと技術

生産技術類型の規定　　　初期のコンティンジェンシー理論においては，技術は単一のコンティンジェンシー要因として取り上げられ，技術と，組織構造に代表される組織のあり方との有効な適合関係が，実証研究結果から検討された。ウッドワードは，はじめて技術の重要性に目を向けたコンティンジェンシー理論の研究者のひとりである（Woodward, 1965）。彼女は，生産技術の複雑性を取り上げ，複雑性のレベルの相違によって単品・小バッチ生産，大バッチ・大量生産，連続処理・装置生産という３つの類型化を行っている。これらは，順に複雑性のレベルが高くなる。

単品・小バッチ生産技術は，ひとつのアイテムあるいはユニッ

トを，一度につくり出すプロセスを特徴づける。オーダー・メードのスーツやオリジナルな工芸品などはこの技術によって生産される。ウッドワードの研究では，この技術は，プロセスを反映して有機的な組織構造をもつ組織において成果をあげるとされた。

大バッチ・大量生産技術は，高度にルーティン化され，大量の同じ製品を生産するプロセスで特徴づけられる。高度に機械化された自動車の組立ラインなどがその代表例である。この技術は，機械的な組織構造をもつ組織において成果をあげた。

連続処理・装置生産技術は，石油精製や廃棄物処理のように，インプットが全工程を継続的に流れることでアウトプットに変換されるプロセスを特徴づける。ウッドワードは，この技術が，単品・小バッチ生産技術を使う組織の構造と類似した構造をもつ組織で成果をあげることを明らかにした。

このように，ウッドワードの研究においては，実証研究に基づく事実発見から，コンティンジェンシー要因としての生産技術が，有効に適合する特定の組織のあり方を規定することを明らかにした。しかし，アストン・グループは，技術が組織を規定するという考えを，組織の規模によって否定した。たとえば，ウッドワードの研究は組織の規模が比較的小さく，組織のほとんどがコア・テクノロジー（組織の芯の部分をなす技術）だけで構成されている場合には有効であるが，組織がより複雑になると説明不可能になるとしている（Pugh and Hickson eds., 1976）。

拡張された技術類型の規定

トンプソンは，ウッドワードの技術類型を拡張して，生産技術にサービス技術も加えて，連結型技術，仲介型技術，集約型技術という3つの類型化と組織のあり方を検討した

（Thompson, 1967）。

連結型技術は，ウッドワードの類型の大バッチ・大量生産と連続処理・装置生産という技術を含むものである。この技術は，生産プロセスに投入されるインプットがアウトプットとして産出される一連の連続工程に線形の変換プロセスがあることを示すものである。ここでは，インプット，アウトプットだけでなく，その変換プロセスも標準化されている。こうした技術においては，銀行の各支店のように，組織はサブ組織間の相互依存性が低い，プールされた相互依存関係を導くとされた。

仲介型技術は，取引の実現に当たって，取引の当事者間を結びつける技術である。銀行では，預金者と借り手が結びつく場が提供される。インターネット・オークションでは，サービスを提供する業者を通じて，売り手と買い手をつなぐ場が提供されている。ここでは，インプットとアウトプットは標準化されていないが，この技術の変換プロセスは標準化されている。そこで，組織は，計画化，スケジュール，フィードバックといった調整を行う，一方向的相互依存関係をもつものとなる。

集約型技術は，特異なインプットを注文に応じたアウトプットに変換する際に，1人以上の専門家の特殊能力の調整が必要とされる技術である。病院の救急救命室などで使われる技術はその典型である。ここでは，インプットとアウトプットが標準化されていないだけでなく，変換プロセスも標準化されていない。そこで，組織は，相互調整やチームワークが求められる相互補完的相互依存関係をもつものとなる。

ウッドワードとトンプソンの技術類型は，
コア・テクノロジーを対象としていたの
に対し，ペローは，タスク・レベルでの
技術類型を試みた。環境からのインプットは組織が制御できるも
のとは限らない。制御できないインプットが投入されると，組織
は，その対応のための変換プロセスをつくり出すことによって，
組織の有効性を確保しようとする。インプットが安定的であるか
（制御できるもの），例外性に富むものであるか（制御できないもの）
によって，組織の変換プロセスは異なってくる。また，インプッ
トについて組織が十分な知識をもっているかどうかで，変換プロ
セスが分析的となるか，直観や経験によるものとなるかが左右さ
れる。

　ペローは，技術を類型化するために，タスクの例外頻度とタス
クの分析可能性という基軸を用いて，ルーティン技術，クラフト
技術，エンジニアリング技術，ノン・ルーティン技術の4つに類
型化している（Perrow, 1967）。ルーティン技術は，タスクの例
外頻度が低く，分析可能性が高い状況である。自動車の組み立て
ラインはこの例に当たる。この状況下では，例外事項に対しても
解決策が提示されている。ここでは，機械的な組織構造が適合す
る。

　クラフト技術はタスクの例外頻度と分析可能性がどちらも低い
状況である。工芸品づくりは代表例のひとつであるが，このよう
な状況下では経験や直感，即興が重要となる。エンジニアリング
技術は，タスクの例外頻度も分析可能性も高い状況である。エン
ジニアやプロフェッショナルと呼ばれる人が用いる技術がこれに
当たる。この場合，例外が頻繁に生じる業務に対して，その問題

を解決する知識が蓄積されている。これらの場合には，前者は大部分が有機的組織と，後者は大部分が機械的組織と適合する。

ノン・ルーティン技術は，タスクの例外頻度が高く，分析可能性が低い状況である。研究開発がこれに当たる。この場合には，有機的な組織構造が適合する。技術類型に応じて，対処する組織のあり方をつくることが組織の有効性を決定するとされた。

その後の研究では，ペローの技術類型を用いて，技術の違いが，第2章で学習した不確実性や多義性という情報処理負荷への対処と関連づけられることも指摘されている（図5-1）。

組織的規定と技術・組織

第2章で考察したように，ガルブレイスは，組織の情報処理モデルを確立する中で，組織が不確実性に対処するためにどのような組織のかたちをつくり出すかというデザイン戦略は，組織自身が決定するものであると考えた。すなわち，組織は，その技術のあり方，組織のあり方を規定するものとされた（Galbraith, 1973）。

その例として，一定の状況に対して一定の対応を特定化するルールやプログラムを整備すること，これを補充し例外的な状況に対する意思決定を徹底するために組織階層を整備すること，組織にスラックを生み出すこと，組織に複数の自己充足する意思決定単位を形成すること，組織の縦の情報システム（情報技術ベース）を補強すること，組織の横断的関係を形成することなどをあげ，費用と便益の比較考量によって，これらのいずれか，あるいはその組み合わせを選択することによって，環境からの不確実性に対処するとした。

この発想は，後に述べる組織が情報システムをどのように利活

用するかを考える際に示唆を与えるものである。

3 シンボリック・パースペクティブと技術

解釈とシンボリックな
領域　前述したように，シンボリック・パースペクティブにおいては，技術は，社会的プロセスの結果であると同時に，現在行っている学習活動プロセスやデザイン活動プロセスそのものとしてとらえられる。シンボリック・パースペクティブによると，技術は，あらかじめ存在するものではなく，組織において社会的に構築されるものとして把握される。

　ペローのモデルや第2章で述べた精緻化された情報処理モデルの発想は，技術の分析に解釈という視点を入れ込むことで，シンボリックな領域に一歩足を踏み入れようとしたということができる。しかし，技術は，文化的な規範や期待といった非技術的なことにより，いかに形成されているかという視点から考察することが，より重要となる。

　モダン・パースペクティブにおいては，基本的に，技術は道具志向，技法志向という発想から，ある技術を前提にすると組織はどうあるべきか，あるいはある組織が特定の技術をどう利活用すべきかなど，客観的に存在する技術と組織の関わりが検討されていた。一方，シンボリック・パースペクティブにおいては，技術は環境において組織との動的な相互作用によって，社会的・文化的な要因の産物として社会的に構築されるものとして考えられている。

技術の社会的構築

技術の社会的構築論は，複雑な社会・文化によって技術がどのように形成されるのかを説明しようとするものである（Bijker et al. eds., 1987；Bijker and Law eds., 1992）。ここでは，技術が，既存の力の応用によってというより，社会的な力による構築によってつくられることが着目されている。すなわち，技術は科学的な影響よりも，社会的な影響をより強く受けていると考える。

技術の社会的構築論の研究は，技術の革新をマクロなレベルに焦点を当て検討している場合もあるが，オル（J. E. Orr）は，よりミクロなレベルにおける技術の革新を検討している（Orr, 1996）。組織において技術者は，観察，同僚との話し合いや情報交換から，技術者としてのアイデンティティを構築し，相互作用を通じて実践共同体を発展させる。そして，技術，社会的構造，組織文化などが，相互に影響し合うことで，技術的な仕事と技術そのものが社会的に構築されることが検討された。

さらに，オリコブスキー（W. J. Orlikowski）は，技術はある特定の社会的コンテクストの中で活動している行為者（アクター）によって物理的に構築され，付与されるさまざまな意味と強調される特徴を通じて社会的に構築されるとした（Orlikowski, 2000）。技術と組織は独立したものではあるが，切り離せないものであることが示されている。

4 組織と情報技術

組織と情報技術の
関わり

組織と情報技術の関わりについては、組織と技術の関わりと同様に、3つの視点に整理できる。

第1は、情報技術が組織のあり方を規定するという技術的規定という視点、第2は、組織が情報技術によって特徴づけられる情報システムの利活用を規定するという組織的規定の視点である。第1の視点の代表的な考え方においては、情報技術が組織の集権化・分権化を導くとするものがある。第2の視点については、伝統的な経営情報システムに関して組織がそれらをいかに利活用するかが問題とされた。

第3の相互作用の視点は、第1、第2の視点に対して、組織と情報システムの動的な相互作用を検討するシンボリック・パースペクティブからの接近である。ここでは、情報システムも、組織の社会的なプロセスの結果であると同時に、現在行っている組織の学習活動・デザイン活動プロセスそのものでもあると考える。

情報技術と組織の
集権化・分権化

情報技術が組織のあり方を規定するという視点は、当初、情報技術が集権化を導くのか、あるいは分権化を導くのかという権限のあり方という点から具体的に検討された。一般に、集権化された組織は、意思決定権限がトップに集中していて意思決定の一貫性を保ちやすいという長所をもつ。しかし、そのつどトップの決定を仰ぐためにトップの負担が大きいこと、意思決定に時間がかかるため環境変化に迅速に対応することが難しいこと、現

場の情報を十分に伝えることができないので意思決定の質に問題が生じやすいことなどの短所がある。一方，分権的な組織は，現場で自律性をもって行動することができるので迅速な意思決定が可能であり，組織メンバーの参画意識を高めるという長所をもつが，意思決定の調整が難しいという短所がある。

　情報技術が組織のあり方を規定するという研究は，レビット（H. J. Leavitt）とウィスラー（T. L. Whisler）による情報技術が集権化を導くとする研究を端緒としている。彼らは，情報技術により中間管理者数が減少し，トップ・マネジメントへのコントロールと意思決定権限が集中することにより，集権化が進むと予測した（Leavitt and Whisler, 1958）。その後も，情報技術は大量の情報を整理・統合してトップ・マネジメントにコスト・パフォーマンスのよい提供ができるため，集権化の短所を補って，よりいっそうの集権化を進めるとする数多くの成果が登場した。

　一方，レビットとウィスラーの予測への反論として，情報技術が分権化を導くとする成果も数多く登場した。大量の情報を整理・統合してコスト・パフォーマンスのよい提供ができるという情報技術の能力は，こうした情報を組織の下位レベルに配分したり調整したりするためにも使われ，彼らの意思決定を拡大し，分権化を促進すると考えられた。

　当初，**情報技術と組織の集権化・分権化** との関係の分析には，情報技術が提供する情報処理機能の集中と意思決定の集権化，分散と分権化とを単純に対応させるものも認められたが，こうした対応関係に必ずしも限定されないことが明らかになってきた（Myers ed., 1967）。すなわち，情報処理の集中化は，組織の要請や意図に応じて，意思決定の集権化をもたらすことも分権化をも

たらすこともある。逆に，情報処理を分散化することによって，分権化だけでなく集権化を導くこともできることが明らかにされている。このような経緯から，情報技術が組織を規定するという視点は現実を説明するものではないことが徐々に明らかにされていった。

伝統的な経営情報
システム

伝統的な経営情報システムは，情報技術に特徴づけられる情報システムと組織とをそれぞれ客観的なものとしてとらえ，組織が，経営情報システムをいかに利活用するか，そして，それによっていかに組織をマネジメントするかを検討するものであった。すなわち，前述の第2の視点のもとで，経営情報システムの組織的利活用を検討するものであった。その指導概念として展開されたものとして，以下で述べる，伝統的経営情報システム（伝統的 MIS：Management Information Systems），意思決定支援システム（DSS：Decision Support Systems），戦略的情報システム（SIS：Strategic Information Systems），そしてビジネス・プロセス・リエンジニアリング（BPR：Business Process Reengineering）があげられる。これらは，あくまでもモダン・パースペクティブの発想のもとで，組織が，客観的に存在する情報システムをいかに利活用するかということを指導したものであったといえる。以下で，こうした伝統的な経営情報システムの指導概念を概観する。

伝統的 MIS

1960 年代初頭から 70 年代初頭にかけて提唱された，情報技術を利活用して組織の業務や管理活動への貢献を理念的スローガンとしたものが，伝統的 MIS である。伝統的 MIS は，業務の自動化・統合化の実践を超えて，管理活動の自動化・統合化という垂直的な拡大の実践

を導くものとされ，この利活用によって組織は，機能的サブシステムで使用されるデータ処理を全社的に統合し，必要な情報を必要に応じて必要な形態で必要とする管理階層に提供することが実現できるとされた。

しかし，組織の伝統的 MIS の利活用は，一定の手続きやルールをあらかじめ明確にすることができる反復的で定型的な管理活動における意思決定や判断の領域においては，一定の成果をあげることができたが，期待された成果は，当時の技術では到底，実現可能なものではなく，「MIS は幻想である（MIS is Mirage）」（Dearden, 1972, pp. 90–99）という指摘を生み，ブームは終焉していった。すなわち，組織が伝統的 MIS を利活用して期待どおりにマネジメントを行うことはできなかったといえる。

意思決定支援システム

1970 年代以降，伝統的 MIS による能率化の発想の限界を克服するために，組織の意思決定の支援を可能にするものとして登場したのが意思決定支援システム（DSS）である。DSS の特徴は以下のようにまとめられる（Keen and Scott Morton, 1978）。第 1 に，上位管理者の準構造的意思決定を対象とすることである[*]。それゆえ，DSS は，意思決定者が経験や勘を駆使して，主体的にコンピュータと試行錯誤を繰り返しながら対話する柔軟性の高いマン・マシン決定システムである。第 2 は，意思決定を代替するものではなく支援するものであるということ，すなわち，DSS は，あくまで，意思決定者の意思決定の支援を意図するものである。第 3 は，能率性で

---

[*] 準構造的意思決定　この概念は、プログラム化できる意思決定とできない意思決定の中間的な特性をもつものとして提示された（Gorry and Scott Morton, 1971）。

はなく意思決定の有効性の向上を図るものである。これは、DSS
の評価が、組織目的にどれだけ貢献する意思決定がなされたかと
いう有効性という側面を重視したことを意味している。

　企業における実際の意思決定のほとんどは、DSS が対象とす
る準構造的意思決定として認識できることからも、DSS は経
営情報システムのあるべき姿として一定の評価を得た。しかし、
DSS は伝統的 MIS 同様、環境条件のみならず、経営戦略、組織
目的、組織構造などを所与としているうえに、支援する意思決定
が組織にとって有効であるかどうかが検討外になっていることか
ら、実際に組織がこれを利活用して有効な意思決定を行うことは
必ずしも現実的ではなかった。

戦略的情報システム 　戦略的情報システム（SIS）は 1980 年
代後半以降に広く流行した概念で、差
別化と既存事業の質的改善によって組織の戦略的な競争優位を
確保・維持することを目的として利活用される経営情報システ
ムを目指すものであった。SIS の概念を提唱したワイズマン（C.
Wiseman）は、SIS を「競争優位を獲得・維持するための計画で
ある企業の競争戦略を、支援あるいは形成する情報技術の活用
である」（Wiseman, 1985, p.233）と定義している。しかし SIS は、
技術的特性が目新しいものではなく、競争優位を実現するために
利活用されるものであれば、その経営情報システムは SIS と呼ば
れていた。

　伝統的 MIS や DSS がミクロな視点から検討されたのに対して、
SIS は、環境に対して戦略的に価値を生み、競争相手を打ち負か
すために利活用できるかというマクロな視点から検討され、SIS
ブームの折には、競争優位の実現を目指して、組織内の業務の自

動化・統合化だけでなく，調達先から顧客まで，あるいは同業他社や異業種企業まで，ひとつの価値連鎖としてネットワークで統合することの重要性が認識された。SIS は，経営情報システムに関する議論を，従来とは別の組織全体の利活用から論じることを可能にし，MIS や DSS と異なり，組織そのものの変革を企図しているという点では評価された。

しかし，SIS は 1990 年代に入ると，「競争的情報技術の伝説の供給は，すぐに底をついてしまった。今日，情報技術の投資から競争優位を得ていると感じている企業はほとんどない」（Davenport, 1993, p.319）といった評価がなされたことからも，その成功事例の多くが，結局，オペレーション効率の向上であり，また，用いられた情報技術が標準化を伴った模倣容易なものであることから，その競争優位性は一時的なものにとどまることが指摘されるに至った。結局，組織は SIS を利活用することで期待どおりに競争に打ち勝つマネジメントを行うことはできなかったといえる。

> ビジネス・プロセス・
> リエンジニアリング

SIS 以降，情報技術を駆使するビジネス・イノベーション概念が受け入れられることになった。ビジネス・プロセス・リエンジニアリング（BPR）は，1990 年代初めに提唱された概念で，そのパイオニアであるハマー（M. Hammer）とチャンピー（J. Champy）は，「コスト，品質，サービス，スピードのような，重大で現代的なパフォーマンス基準を劇的に改善するために，ビジネス・プロセスを根本的に考えなおし，抜本的にそれをデザインしなおすこと」（Hammer and Champy, 1993, p. 32, 邦訳 57 頁）と定義している。

ビジネス・プロセスは，ひとつ以上のインプットによって最終的に顧客に対して価値あるアウトプットを創造する活動の集まりであり，最終的に顧客に対する価値を生み出す一連の行動の集合として，顧客満足度を高め収益性を上げるという視点が強調された。したがって，BPRは，組織全体の環境適応を重視し，分業によって断片化した組織内の業務活動を，トップダウンでひとつのビジネス・プロセスとしてとらえ直し，情報技術を利活用して，組織内および組織間のワークフローやビジネス・プロセスの分析と再設計によって，主として業務コスト，時間，品質の改善，業務活動プロセスそのものを改革し，管理活動の自動化や削減を行うことを狙いとした。

　しかし，BPRは顧客満足の実現を目指すという外部志向性を唱えながら，実際には主に企業内部の改革に目を向けているという傾向をもつにとどまった。BPRの主張はブームを引き起こし，ビジネス・プロセスの革新の重要性を喚起したが，短期間に劇的な成果の実現を重視したために，その非現実性が指摘されるようになる。1995年以降，ハマーらも自ら，抜本的な改革をすることは難しく，短期的に劇的な効果を目指すことを否定している。したがって，組織はBPRによって，期待されたマネジメント成果をあげることはできなかったのである。

時空間の制約からの解放

　ネットワーク革命を経て，インターネットの爆発的な普及により，ICTは，企業活動の前提となる時空間の制約から企業組織を解放し，従来の企業の枠組みを打ち壊すさまざまな変革の可能性を企業組織に提示した（第7章参照）。前述したように，組織と情報技術の関係は，長い間，さまざまな両者の特性や分析単

位・レベルなどの相違を取り上げながら，情報技術を利活用することによって，企業がいかに有効なマネジメントを行うかについての議論が展開されてきた。

　しかし，第2章で検討したように，たとえば，経営戦略論においてSISのベースになったポジショニング・ビューとは異なる，資源ベース・ビューに基づくITケイパビリティの議論が展開されると，これまでとは異なった発想で組織とICTの関係がとらえられるようになってきた。

　ITケイパビリティは，いかにすぐれたICTであろうと，個々の資源レベルには着目しない。個々の資源レベルでは，一時的に模倣や代替が困難であっても，一定の時間を経過すると，そのほとんどが競争者によって模倣や代替が可能となり，競争優位の源泉として機能しなくなるからである。ICTと他の経営資源の相互補完的な組み合わせや応用によって，その組織独自のICTの独自能力（ITケイパビリティ）が開発されるとき，模倣困難性が高まり，組織はICTを組織の競争優位の源泉として利活用し，有効なマネジメントを行うことができるとされるに至っている（岸・相原編，2004）。

　経営戦略の立案・遂行とICTとは不可分のものとなっており，経営情報システムを組織と切り離して自己完結的に扱うことがもはや不可能となっている。ICTと組織の相互作用によって，戦略を立案，再設定していく動態的発想の重要性が指摘された。ここには，多様な解釈を通じた社会的構築という視点が含まれることから，クロス・パースペクティブの発想の萌芽を感じることができる。

今日，情報技術によって特徴づけられる情報システムを検討する際には，シンボリックな側面の考察が不可欠である (Hatch, 2013)。すでに 1990 年頃からこのような指摘は存在していた。たとえば，ズボフ（S. Zuboff）は，情報技術が，解釈を必要とすることを指摘した。これは，コンピュータが必要とするプロセスが，情報やデータなど，よりシンボリックな表象を操作するためであると説明された (Zuboff, 1988)。

　第 2 章で学習した組織の情報処理モデルの精緻化に貢献したワイクも，情報技術の特徴として解釈の問題に着目している (Weick, 1990)。情報技術は，連続処理プロセスにより，オペレーターは製品に触れずに，見ることもなく生産プロセスを管理することができる。つまり，オペレーターは情報システムのアウトプット，つまりシンボリックな表象の解釈のみを行うのであって，実際に起こっていることを知ることはできない。ワイクは，情報技術は，前述したウッドワード，トンプソン，ペローが検討した技術と異なる点を，確率的側面，継続的側面，抽象的側面から明らかにしている。

　確率的側面とは予期できない中断を意味する。情報システムは，その中断がなぜ生じるのか，その結果どうなるのかを，オペレーターが正確に学習することができない。

　継続的側面とは，情報システムが非常に複雑なプロセスを必要とするため，絶え間なく情報システムを稼働させるためには，情報システムを動かしながらハードウェアとソフトウェアを継続的に見直し，継続的に処理し続けなければならないことを意味する。

　抽象的側面とは，情報システムの稼働だけでは，抽象的でその

意味がわからないことをいう。したがって，オペレーターは，技術による稼働プロセスと，それによって実現される作業とを別個に把握する必要がある。

これらの側面を考慮すると，**情報システムのシンボリックな側面**に，より着目することの重要性が理解できる。

ICT と組織・社会

ネットワーク革命を経て，ディジタル社会を迎えた今日でも，組織にとっては，ICT の劇的な進展によるその技術的特性が組織に何をもたらしうるかを理解すること，進化し続ける ICT を組織がどのように利活用するのかを問い直すことは，相変わらず重要な視点である。

一方，ICT と組織との相互作用に目を向けるとき，組織文化，組織ルーティン，組織構造，組織制度などの組織特性が織りなす組織コンテクストによって，ICT のシンボリックな表象を組織が解釈し，意味を与えることで，利活用する ICT を社会的に構築しているということ，このようなサイコリックなプロセスを通じて組織自身も変化しているということも看過することができない。

今日のディジタル社会においては，ICT により，組織は協力，敵対，供給，コミュニケーションなど，さまざまなタイプの相互作用を行っている他の組織等と自在にネットワークを形成し活動している。つまり，組織自体も，他の組織を内部化するなどして組織自体の境界を常に変化させ，組織を絶えず構築・再構築している（第 2 章参照）。第 1 章でも述べたように，このようなさまざまなシステムから構成される社会的な環境において組織を取り扱い，ICT と組織，さらには社会との関わりがどのようなものなのかを考えることは今後の展開に欠かせない（木嶋・岸編，

2019）。その際，シンボリック・パースペクティブを取り込みながら，何らかの鳥瞰的な一般化・モデル化を模索し続けることが，今後も重要な課題であるといえよう。

Column ⑤　アクター・ネットワーク論
（Actor Network Theory）

　技術は，人，仕事，人工物などとの間の関係性によって意味をなすものであり，その関係性の中にあるものとして考えられるようになってきた。

　アクター・ネットワーク論では，アクターは決して単独で行動せず，常に他のアクターとともに行動するととらえる。アクター・ネットワーク論では，人（アクター）は他の「アクタン（actans）」の中に配置されるものとなる。アクタンとは，人であるなしにかかわらず，行動するものと行動のベースとなるものの両方を指す概念である。たとえば，科学者が望遠鏡を使って研究する場合には，科学者と望遠鏡が，人が車を運転する場合には，運転者，車，免許証，道路，交通規則などが必要であるように，行為の遂行には相互作用するアクタンのネットワークが必要となる。したがって，行為は行為者単独のものではなく，ネットワークそのものであるととらえられることになる。そこで，組織も，人間と，モノ，思想，テキストなどの非人間的アクタンからなる関係性のネットワークとしてとらえられる。

　アクター・ネットワーク論の視点は，科学的とされる知識を社会的構築の産物とみなす新しい発想をもつ。知識は，相互作用する多様な要素であり，たとえば人，機械，建物，書類，概念といったもののネットワークの産物である（Callon, 1986；Latour, 1991）。ラトゥール（B. Latour）は，技術についても，

「社会と技術は存在論的に2つの独立体ではなく，同じ本質的な行為の局面というレベルに近い」と表現している (Latour, 1991, p.129)。すなわち，技術は，人，仕事，人工物などとの間の関係性によって意味をなし，存在するものであり，技術はアクター・ネットワークの一部であり，相互作用するアクタンが行為の遂行には不可欠なものとなる。

　しかし，アクター・ネットワーク論は，本章で述べた技術の社会的構築論とは異なる発想をもつものである。技術の社会的構築論は，技術は人・組織と相互作用するものではあるが，それらは分離し独立したものとしてとらえられている。一方，アクター・ネットワーク論では，技術は，人，仕事，人工物などとの間の関係性によって意味をなし，存在するものであると考える。したがって，技術は，アクター・ネットワーク論では，アクター・ネットワークの一部にすぎない。アクター・ネットワーク論では，構成要素ではなく，要素間の関係性に焦点を当てる。したがって，人というアクターも脱中心化されていることになる。

 文献案内　　　　　　　　　　　　　　　REFERENCE

木嶋恭一・岸眞理子編著 (2019)，『経営情報学入門』放送大学教育振興会。

　✎　本書と同様の立ち位置から，経営情報学の基本的なトピックを取り上げ解説する入門書。

M. J. ハッチ（・A. L. カンリフ）著，大月博司・日野健太・山口善昭訳 (2017)，『Hatch組織論：3つのパースペクティブ』同

文舘出版。

　🖉　3 つのパースペクティブから技術についても検討している。

B. ラトゥール著，伊藤嘉高訳（2019），『社会的なものを組み直
　す：アクターネットワーク理論入門』法政大学出版局。

　🖉　脱中心的なネットワークとして社会を記述するアクター・ネット
　ワーク理論の入門書。

第Ⅱ部

ICT が駆動する経営

第6章 ICT と問題解決

● 本章のポイント ●

経営の中核となる活動である意思決定あるいは問題解決において，昨今の ICT の発展は，アルゴリズム（計算手順）に革新的な進歩をもたらし，今まで想像もできなかったスピードとスケールで，複雑な問題状況を解析し解決することが可能となってきている。

本章では，昨今の ICT の発展が，問題解決の多様な局面で急速な進展・変革をもたらしていることを述べ，経営において ICT がもたらす情報の重要性を改めて指摘する。まず，問題解決に当たって，問題状況に応じて問題解決の適切な方法論を選択するという状況適応的アプローチの考え方を説明する。ついで，状況適応的アプローチに基づき，最適化を追求するハードシステム・アプローチ，意思決定主体の相互理解の達成支援を狙うソフトシステム・アプローチ，情報技術の急速な進歩に支えられた社会シミュレーション，デザインマインドを経営に適用しようとするデザイン思考の4つについて解説し，それぞれにおける ICT の発展の貢献について説明する。

状況適応的アプローチ　　ハードシステム・アプローチ　　社会シミュレーション　　ソフトシステム・アプローチ　　デザイン思考

KEYWORDS

1 問題解決の方法論

　第3章において，意思決定とは「現状」と目的から規定される「目標」のギャップを解消する問題解決のプロセスであると定義し（第3章第1節），意思決定の分類やそれぞれの基本的な特徴について説明した。本章では，第3章に比べ，より実践的な視点から問題解決の方法論について概観する。[*]

状況適応的アプローチ　経営における意思決定あるいは問題解決の方法論として，これまで，企業のコンサルティングのための方法論といったきわめて実践的なものから経営哲学的な指針まで，多種多様なものが提案されている。ただ，あらゆる問題状況に対して，いつでもうまく対処できる唯一無二の最強の方法を想定することは現実的でない。これまで提唱されてきた問題解決の方法論は皆それぞれの強み・弱みをもっているので，互いに補完するかたちで利活用すべきである（このような考え方を方法論的相補主義という）。このように考えると，対処すべき問題状況の特徴や目的に合わせて，適切な方法論を選択して用いるという状況適応的な態度で問題解決に当たろうとする姿勢が，現実的で妥当である。これを問題解決の**状況適応的アプローチ**という。図6-1に示すように，状況適応的アプローチはたとえば，ある特徴をもった問題状況 A に対してはそれに適した方法論 α を，また違った特徴をもった問題状況 B に対してはそれ

<hr>

[*] 方法論（methodology）　英単語が示すように，方法（method）の使いかたを取り扱う論理（logy）に焦点を置く，方法の上位（meta）の概念である。

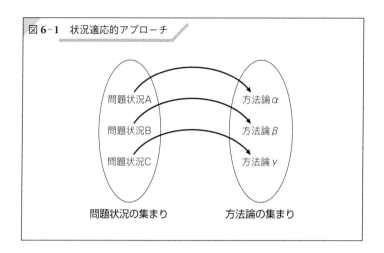

図 6-1　状況適応的アプローチ

問題状況A　　　　　　　　方法論 α

問題状況B　　　　　　　　方法論 β

問題状況C　　　　　　　　方法論 γ

問題状況の集まり　　　　　方法論の集まり

に適した方法論 β を適用するという考え方である。

　この問題状況の特徴に対応して適切なアプローチを選択するという考え方は，第 1 章の目標追求システムモデルのところで述べた，「環境への適応」というシステム的なものの見方の適用のひとつである。

問題状況の位置づけ

　状況適応的アプローチでは，問題状況をどのように特徴づけるかという点が重要になる。問題状況を特徴づける要因には，さまざまなものが考えられるが，なかでも，①その問題に関連するシステムの複雑性，②問題解決に関わる人たちの価値観や信条の多様性，③問題状況の解決が目指す方向性，により用いる方法論を決定しようという考え方がよく知られている（Jackson, 2003；木嶋・中條, 2007）。

　このように考えると，問題状況は，問題に関連するシステムの複雑性と問題解決に関与する人たちの多様性の 2 次元から特徴づけられる（表 6-1）。

表6-1　問題状況の特徴づけ

問題に関連するシステムの複雑性 ／ 問題解決に関与する人たちの多様性	単　一　的	多　元　的
単　純		
複　雑		

　縦軸において，単純なシステムは，相互にあまり連関が深くないサブシステム・要素から成り立っており，時間がたっても変化は少なく，構成要素の独自の動きや環境からの影響にあまり左右されないシステムである。一方，その問題に関連するシステムの要素（たとえば，顧客，利害関係者，競争相手，パートナー，政府機関や関係する情報システム，IoT など）の数が増え，規模が大きくなりネットワークとしてのつながりが深いとき，複雑なシステムとしてとらえる。

　一方，横軸については，問題対象に関心をもつ問題関与者間の関係に基づき，単一的，多元的の2つに分類する。

　関与者が似通った価値観や信念，関心事をもっているとき，関与者は単一的な関係にあるという。この状況では，関与者は基本的に同じ目的を共有し，その共有している目的をどう実現すべき

かに全員の関心がある。

　これに対して，問題に取り組んで解決しようとする人たちの価値観や信条や関心が多岐に分かれていれば彼らの多様性は大きく，多元的な関係にあると定義される。

　さらに，問題状況の解決が目指す方向性により，適切な方法は異なってくる。たとえば，マーケット・シェアや売上高のような何らかの指標に関して最適化を目指すのか，あるいは，問題解決に取り組む人たちの間の相互理解を深め，互いの合意形成や変革の気構えをつくり出そうとするのか，さらには問題解決を行うために新しくプロジェクトチームをつくりそのもとで新たなアイディアをつくり出そうとするのか。このように，問題解決が目指す目的によって，用いられるべき方法は当然異なるであろう。

システム方法論の
システム：SOSM

　問題状況の複雑性・多様性と問題状況の解決が目指す方向性に応じて，適切に具体的な方法論を選択するために，表6-1で示したグリッド（格子）にその状況に対応できる方法を重ねた「システム方法論のシステム（SOSM：System of Systems Methodologies)」と呼ばれるマップがよく知られている（Jackson, 2003)。

　SOSMに位置づけられる具体的な方法論の典型的なものを表6-2に示した。たとえば単純で単一的な問題状況ではハードシステム・アプローチの採用が妥当であり，多元的な問題状況ではソフトシステム・アプローチやデザイン思考が有用であると示している。

　次節以下で，表6-2に掲げた4つの方法について説明する。ただ，状況適応的アプローチを実践する際には，問題解決者が使

表6-2 問題状況に適用する代表的方法論

問題に関連するシステムの複雑性 ＼ 問題解決に関与する人たちの多様性	単 一 的	多 元 的
単　純	ハードシステム・アプローチ（定量化，最適化が目的）	ソフトシステム・アプローチ（問題解決の関与者間の相互理解促進が目的）
複　雑	社会シミュレーション（予測，シナリオ生成が目的）	デザイン思考（さまざまな価値観や信念を生み出して創造性を高めるのが目的）

える方法・方法論を増強して多様性を高める必要がある（最小多様性の法則，序章参照）。すなわち，すぐれた問題解決者は多くの方法論に精通することが必要なので，実現するには，幅広い多様なメンバーからなるチームや先進的な技術などによって，多様性を増幅することが求められる。

2 ハードシステム・アプローチ

●最適化のための方法論

　ハードシステム・アプローチは，オペレーションズ・リサーチ（OR：Operations Research），システム分析（Systems Analysis），システム工学（Systems Engineering）といった方法の総称で，関与者の価値観が単一で，あらかじめ目標が明確である場合に，そ

れを効率的に達成する，すなわち最適化を狙う方法論として妥当なアプローチである。

オペレーションズ・リサーチという用語は1937年頃，イギリスの科学者が軍幹部を支援するために行っていた研究プロジェクトから生まれた。そのプロジェクトの目的は，敵機探知のためにレーダーをいかに有効に使用するかについてであった。この手法はイギリス空軍を起点に，まもなくカナダやアメリカ，フランス，オーストラリアなど他の国々の陸軍や海軍にも広まっていった。現在では経営科学（management science）として，コンピュータの著しい発展の恩恵のもと，その適用範囲は**表6-2**の複雑な領域まで大きく広がろうとしている。

> オペレーションズ・
> リサーチ

システム分析はオペレーションズ・リサーチから派生し，より広い範囲を対象にしている。この名称がはじめて使われたのは，アメリカ空軍が1940年代後半に行った未来の兵器システムについての研究だった。1972年には，12カ国の科学的研究機関の後押しで，国際応用システム分析研究所（IIASA）がオーストリアに設置された。IIASAに付託された業務は，設立以来現在に至るまで，エネルギーや食糧供給，環境などのグローバルな問題にシステム分析を応用することである。

> システム分析

　システム分析の主要目的は，公共と民間の政策決定者あるいは意思決定者が抱える，問題解決を支援することである（Miser and Quade, 1985）。そのために，意思決定者の問題と問題解決のために提案できる行動に関する情報を生成し，証拠を整理することで，当事者の判断基準を改善する。したがって，システム分析

は，社会技術システムの業務から生じる問題に焦点を当て，問題への対応方法を複数検討し，対応によってどのような結果が生じるかを検討する費用対効果分析（コスト・ベネフィット・アナリシス）を提供することを目指す。

システム・エンジニアリング

システム・エンジニアリングは 1940 年代から 50 年代に工学が専門分野としての守備範囲を広げ，さらにたくさんの要素が相互作用し合う複雑なシステムの設計を可能にしようとする中から生まれてきた。アメリカでは通信業界が直面したネットワークの課題に取り組むため，ベル電話研究所が先駆的に研究した。研究はたちまち防衛，宇宙，エネルギーの各業界に広がり，1960 年代から 70 年代には，システム・エンジニアリングを軍事システムや民間の航空宇宙，エネルギー計画に利活用するに当たって，さまざまなガイドラインや基準が設けられた。アメリカの NASA がアポロ計画を進めるに当たり，システム・エンジニアリングがその推進力になったということはよく知られている。

　国際システムエンジニアリング協議会（INCOSE）[*]は現在，このアプローチが運輸から住宅問題，インフラ再生や環境に至るまで幅広い問題に有効なものだとして，システム・エンジニアリングを次のように位置づけている。

(1)　学際的なアプローチであり，確かなシステム概念の確立を目指す。

(2)　システムの要件を明瞭・簡潔に定義し意義づける。

---

[*] INCOSE　The International Council on Systems Engineering の略（https://www.incose.org 参照）。

⑶　効果的なシステムの設計や解をつくり出す。

⑷　開発されたシステムがクライアントやユーザの事業環境に
おいて目的にかなうことを確保する。

このように，ハードシステム・アプローチは，問題を解決する
ときに成り行き的（アドホック）なやり方ではなく，「筋通を立て，
論理的に抜け目なく手順を迫って解決を進める」システマティッ
ク（体系的）なやり方が特徴である。システマティックな考え方
は，自然科学者・技術者の基本的態度であり，現代の科学技術の
発展の原動力である。第3章で述べた意思決定における複雑性の
解析は，このハードシステム・アプローチの範疇（オペレーショ
ンズ・リサーチ）での議論といえる。

|ハードシステム・ 　最近の ICT，人工知能などに支えられた
アプローチの適用拡大|情報科学，情報工学，データ・サイエン
スの急速な発展は，ハードシステム・ア
プローチの適用範囲を大きく広げ，またその最適化のパワーを飛
躍的に伸ばしている。

たとえば，オペレーションズ・リサーチはさまざまなタイプの
最適化問題に関する数学的モデルを開発しているが，ひとつの例
として巡回セールスマン問題を取り上げてみよう。巡回セールス
マン問題は，「都市の数 n と，2つの都市 i と j の間を移動するの
にかかる時間 d_{ij} が与えられたとき，すべての都市をめぐっても
との都市に戻ってくるような経路のうち，移動時間が最小なもの
を求めよ」という問題で，いわば最も効率的な一筆書きを求める
問題である。

巡回セールスマン問題は「難しい問題」の代表で，都市をめぐ
る順番として $(n-1)!/2$ 通り（逆向きにめぐるのは同じとみなす）

の候補があり，総当たりで確かめようとすると莫大な計算時間がかかる。n が小さいときにはすべての組み合わせを調べられるが，n が大きくなると，この組み合わせの総数は爆発的に増加し，すべてを調べることは事実上不可能となる。たとえば，$n = 10$ のときには，組み合わせ総数は 18 万 1440 通りであるが，$n = 30$ のときには，4.42×10^{30} 通りになる。これはまさに絶望的な数で，計算速度 10 テラフロップス（teraFLOPS）の計算機を用いた場合，すべての組み合わせを調べるのになんと 25 京年以上かかることになる。宇宙の歴史が 137 億年であることを考えれば，その膨大さが理解できる。

だが幸いなことに，ICT の発展に支えられた非常に効率の良いアルゴリズムが開発されており，規模の大きい問題でも厳密解ないしは非常に精度の良い近似解が短時間で得られるようになった。たとえば，iPhone 版のアプリとして実現されているアルゴリズムを用いると，n が 2000 程度でも誰でも問題なく解けるようになっている。このように ICT，ソフトウェア，アルゴリズムの開発・進展は，最適化問題に圧倒的なパワーをもたらしたのである。

以上述べたように，ハードシステム・アプローチは，基本的に定量的なモデルを用いて演繹的な推論により，与えられた目標の最適化を目指す強力な方法論である。それが対象とする問題の特徴から，戦術的な意思決定，とくに設計や選択の段階でこのハードシステム・アプローチがきわめてパワフルであり，また ICT や AI の発展，アルゴリズムの進化の恩恵を直接的に受けることは理解しやすいであろう。

3 社会シミュレーション

社会シミュレーション
という技法

社会シミュレーションは，コンピュータ上に社会を構築し，さまざまな条件のもとで実験をすることにより，予測やシナリオ生成などを通して社会に関する諸問題にアプローチする技法である（高橋・後藤・大堀，2022）。とくに近年の人工知能や大量のデータ処理を可能とするコンピュータ・サイエンス，データ・サイエンスの技術発展に支えられ，この社会シミュレーションは長足の進歩を遂げているが，コロナ禍での感染状況に関する社会シミュレーションの成果はまだ記憶に新しい。

　社会シミュレーションは，多くの要因が絡み合った複雑な問題状況ではあるものの，たとえば感染率の推移といったように論点が明確な問題に対して，予測やシナリオ生成を行う有力な手法である。また，次に述べるソフトシステム・アプローチと組み合わせて，関与者の相互理解達成を支援するコミュニケーションの手段としても用いられている。

社会シミュレーション
の進め方

社会シミュレーションの進め方にはさまざまなやり方があるが，ここではその典型的な方法を紹介する。

　まず，①「問題」の明確化を行う。これにより，モデル化したい対象を大まかに把握する。次に，②「観察」を通して，モデル化したい対象の「定義」と形式化（フォーミュレーション）を行う。ついで，③「定義」に基づいて「モデル設計」を行う。社会シミュレーションでは，望む結果を恣意的に導くようなモデルの

構築も可能なので，結果が導かれるプロセスを追跡し正当性が検証できるように，できるだけ単純なモデルを構築することが推奨される。これを社会シミュレーションにおける KISS（Keep It Simple and Stupid）原則という。

さらに，④「プログラミング」，⑤「正当性の検証」および，⑥「妥当性の検証」を行う。「正当性の検証」では，「定義」どおりにプログラムが作成され，意図したとおり稼働しているかを確認する。当然のことながらシンプルなプログラムほど確認は容易である。一方，「妥当性の検証」では，作成したモデルの振る舞いと導かれる結果が，現実社会と一致（あるいは類似）しているかどうかの確認がなされる。

最後に，⑦「感度分析」を行う。ここでいう感度とは，パラメータや初期条件の微小な変化に対し，結果がどの程度ばらつくかということである。たとえば，得られた結果が，パラメータや初期条件の微少な変化に過度に敏感に変動する場合，そこで得られた結果の信頼性は低いといわざるをえず，構築されたシミュレーションは良いモデルとはいえない可能性がある。

『最強組織の法則』で知られるセンゲ（P. Senge）は，その著書で典型的な社会シミュレーションの手法であるシステム・ダイナミクスの重要性を繰り返し強調している（Senge, 1990）。また国際政治学者のアクセルロッド（R. Axelrod）は，エージェントベース・シミュレーションという社会シミュレーションの手法によって，企業間の技術標準（デファクト・スタンダード）が決まっていくプロセスなど，さまざまな社会現象を解析している（Axelrod, 1997）。

4 ソフトシステム・アプローチ

●相互理解と行動への気構えを目指す方法論

ソフトシステム・
アプローチの特徴

ソフトシステム・アプローチは，問題関与者同士の価値観や信念や哲学が異なることから発生する意見の食い違いや対立を取り扱い，その中で何らかの改善策の実施を支援しようとする方法論である。ソフトシステム・アプローチは，ハードシステム・アプローチが問題解決に関与する人たちの多様性に十分対応できなかったという反省に基づき，関与者の異なる価値観をうまく取り扱うことを主眼として 1980 年代前半頃に登場した。

ソフトシステム・アプローチは，関与者間の相互理解プロセスの重要性を強調し，その調整を図ろうとするアプローチである。そもそも，同じ問題に関与する状況で，関与者ごとに問題に関する認識が異なっており，何が問題なのか（What）を問うところから始めなければならないとし，問題の構造化（目標，代替案の集合，制約条件などを明らかにすること）に大きな関心が置かれる。これはハードシステム・アプローチが，ある程度構造が明確な問題を，どのように解くか（How）に主たる関心がある点と対照的である。

その意味で，ソフトシステム・アプローチは，問題構造化手法（PSM：Problem Structuring Methods）とも呼ばれ，とくに第 3 章で述べた戦略的意思決定での探索の段階で有用なアプローチとして用いられている。**表 6-3** に両者の比較を掲げた。

ソフトシステム・アプローチは，ハードシステム・アプローチのように，システムの状態と目的を客観的に説明するとか，その

表6-3　ハードシステム・アプローチとソフトシステム・アプローチ

側　面	ハードシステム・アプローチ	ソフトシステム・アプローチ
目　的	問題解決	関与者の相互理解・学習
主たる対象	戦術的問題	戦略的問題
目指す方向	合理的な解決	文化的実行可能性・アコモデーション
主な関心と評価基準	どのように (How)，効率性	何を (What)，効果性
特　徴	定量的で洗練された手法	定性的で視覚的な手法

（出所）　木嶋・岸編（2019），59 頁を加筆・修正。

問題に関与する全員の共通の目的が容易に見つかるといった考え
はとらない。価値観や信念や関心が多様である以上，代わりに重
視するのは，対立する異なる世界観を調整して共存並立させられ
るかどうかの視点である。つまり，ハードシステム・アプローチ
が問題解決を目的とするのに対し，ソフトシステム・アプローチ
では，関与者の相互理解を促し，各人に問題状況に関する「気づ
き」を導き，ともに問題状況の改善にあたろうとする「気構え」
を促す相互学習が目的となる。

　ソフトシステム・アプローチが求める解決案は，関与者が納得
してやってみようかと考えるいわば文化的に実行可能な行動案で
ある。ハードシステム・アプローチが，どのようにうまくやるか，
すなわち効率性に関心があるのに対して，ソフトシステム・アプ
ローチでは，各関与者にとって何が問題なのかを互いに学び，何
をやるのか解決すべき問題点をしっかりと共有することを目指す。
そして，ハードシステム・アプローチがいわば専門家の知識に依

存した定量的で洗練された手法を駆使するのに対して，ソフトシステム・アプローチは方法論のいわば素人でも扱うことのできる，わかりやすい図やイラストを中心とした視覚的な方法を採用する。

ソフトシステム方法論

ソフトシステム・アプローチの中でも，とくに，チェックランド（Checkland, 1981）が提唱したソフトシステム方法論（SSM：Soft Systems Methodology）は，複数の価値観・視点とその意味するところを明示するためにシステムモデルを用いる方法論で，イギリスをはじめヨーロッパを中心に広く知られている。その目的は，問題状況の参加者が異なる世界観を相互に理解できるようになる学習プロセスを支援することである。この学習プロセスによって，価値観や信念が異なる問題関与者間に，一時的かもしれないが，さまざまな価値観が並立しながらそれぞれが他を受け入れている状況（アコモデーション〔accommodation〕と呼ぶ）を達成しようとする。アコモデーションはソフトシステム方法論のキーワードのひとつで，「さまざまな価値観が共存・共生し不安定の中での安定が達成されている状況」を意味する。アコモデーションは，利害や価値観が一点に収束しているという意味での合意（コンセンサス）達成の状況とは異なる。それは，他者の価値観が自らのそれとは違っていることを認め，理解したうえでの共存で一時的な安定の達成状況である。

　ソフトシステム方法論は，多様な価値観が対立している状況の中で，徹底的な議論・ディベートによりアコモデーションの達成を支援しようとする。合意が合理性・最適性をもって追求されるのに対して，アコモデーションは相互学習・相互理解により探索される。関与者それぞれが認識する世界や環境に関する知覚を

ディベートや自由討論等で互いに表明しすり合わせ，その過程で，自分とは異なる世界観をもった他者の立場・考え方を学習し理解する。それにより，とりあえずまずやってみようかとの気構えが生まれる。

　このように，アコモデーションのもとでは，異種の情報が融合し，発想を固定化しない多様な価値観が共存することになる。アコモデーションの達成には，関与者の価値観や信念の相互理解がきわめて重要である。ソフトシステム方法論は，組織にどういう変化をもたらすことが可能かを知るため，その組織の文化と政治力学を探り，全員が納得する行動方針について参加者のコミットメントを獲得しようとするのである。

5 デザイン思考

> デザイン思考という
> 方法論

デザイン思考は，ICTを利活用して問題解決に関与する人たちの価値観や信念の多様性を積極的に利活用して創造性を高め，イノベーションを支援しようと提案された方法論である。デザイン思考は，デザイナーの無意識の思考を基礎に，人間中心のデザインを通して価値の提供を目指し，狭い意味でのデザイン（設計）ではなく，広い範囲のビジネスに利活用可能な思考と実践の方法である。2005年にスタンフォード大学によって創設されたd.school（Hasso Plattner Institute of Design）が提唱したことにより世に広まった。

　スタンフォード大学とともにデザイン思考を開発した実務家の

ティム・ブラウン（Tim Brown）は，デザイン思考は，人間中心のイノベーションへのアプローチであり，デザイナーのツールキットを利用して，人々のニーズ，テクノロジーの可能性，ビジネスの成功の要件を統合する手法であると位置づけている（Brown, 2009）。

　デザイン思考は，単に表面化した問題や課題を解くのではなく，すべてのスタッフがそのプロセスに参加して製品やサービスを使うユーザーの立場から考え，根本的な解決策を探るのが特徴である。プロジェクトに関わるすべてのスタッフがそのプロセスに参加することで，スタッフのモチベーションが向上する。デザイン思考の代表的な事例としてあげられるのは，Apple の iPod である。社内のデベロッパーと社外のデザイナー，心理学者や人間工学の専門家など 30 数名が集結し，わずか 11 カ月で開発されたといわれている。

デザイン思考の
プロセス

デザイン思考は，まともな問い（right question）から始まる。消費者や顧客など関与者が，なぜそうするのか，すなわち，"Why" を理解して問題状況を改善しようとする。一般に，消費者や顧客が，何を（What）しているか，あるいは，どのようにしているか（How）を解明するのは比較的容易であるが，デザイン思考は彼らの行動の背景・理由を，行動を観察することで解明しようとする。そこでは定量分析とともに定性情報を利活用し，じっくり観察することで，少数の調査サンプルでも多くの洞察を得ることができるとして，同じ目的の調査を何種類も比較する。同時に，統計データは非常に説得力をもつとして，データに隠された意味を読み取ることができれば，それも十分な裏づけと

して利用する。とくに現在は，ビッグデータ解析やIoTを利活用してさまざまな莫大な量のデータから意味を抽出・形成することが可能となっている。

　ついで，入手したデータをどのように解釈するか検討して，問題の定義を行う。データから結果の背景にある物語を見つけ出し，データに意味を与え，そこからさまざまなストーリー・仮定を立て，「共感の創出」を目指す。そこから得た洞察をもとに，求められているものが何かを導く「コンセプトづくり」を行い，感動，ストーリーを共感させる仕掛けを創造する。プロトタイピング（試作）を重ねてモノやサービスに落とし込み，実際にデザインしテストする。以上のプロセスは参加型で循環プロセスのかたちで実施される。

```
デザイン思考の実践例
```
　フィンランド企業のノキアで主任科学研究員を務めた人物のデザイン思考の実践例がよく知られている。彼は，日本での携帯電話の状況に関して，「ノキアの携帯は，なぜ日本でのシェアが低いのか」「なぜ日本は素晴らしい端末をつくっているのに，グローバルで売れないのか」という問いを立ててその背景を探り，その理由として，生活様式の独自性や言語の違いといった文化的な距離にたどり着いたという。また得られたデータに意味を与え，「グローバルで売れる製品」をつくるには，グローバルな視野に立ったデザインが求められること，世界に通用するデザインの多くは，多様な視点から意味を付与することで生まれると明らかにしている。開発チーム内でも多様性がなければ，その距離を埋めるのは困難とし，多様な背景をもった人とチームを組むことが，デザイン思考の本質的特徴であると指摘したのである。

以上，述べたとおり，デザイン思考のプロセスや具体例からも
わかるように，また，開発者たちも認めているように，デザイン
思考の根底にあるのはシステム思考である。デザイン思考におい
て，多様性はそれ自体望ましい目的であり，多様な人を巻き込む
人間中心主義をとる。プロセスは，参加型・巻込型で，探索・コ
ミュニケーションが重要で，収束型というより発散型，成果だけ
でなくプロセスを重視する。各段階は相互に作用し合うので，変
更するたびに全体を動的に変化させる必要があるとして，複雑な
プロジェクトには，段階的（ステップ・バイ・ステップ）ではなく，
同時（オール・アット・ワンス）に進め，最適よりも満足を求めて
プロトタイピングを繰り返すのである。

❈ *Column* ❻ サイモンとデザイン思考 ❈

　カーネギー・メロン大学で意思決定学派を立ち上げたサイモ
ン（Herbert A. Simon）は，経済分野のノーベル賞を授与され，
Administrative Behavior, 4th Edition, Free Press, 1997（二村
敏子他訳，『経営行動：経営組織における意思決定過程の研究（新
版）』ダイヤモンド社，2009 年という大著によって長らく経営学
や組織論の分野をリードし，認知科学の夜明けを告げた。人間
の限定合理性こそが組織をつくる原動力だと主張し，文字ど
おり，学問分野を超えた巨人である。その彼が，今から 50 年
以上前に初版を出版した *The Sciences of the Artificial*, MIT
Press, 1996（稲葉元吉・吉原英樹訳『システムの科学（第 3 版）』
パーソナルメディア，1999 年）が，さまざまな視点から再び注目
されている。

　彼は，そこでシステムの意味，脳と記憶とコンピュータの関

係，情報をプロセッシングするという仕組み，思考の心理学，階層生成の合理性，複雑性などについて，一貫した文脈で議論している。

　加えて，デザインとシステムの関係について多角的に検討しているのは注目に値する。デザインとはアーティフィシャル・サイエンス（人工科学）ではないか，というのがサイモンの見方で，このようなデザインの見方を社会や組織や人間の心理にも適用可能だと考えたのである。いまでこそ，会社のデザインとか政治のグランドデザインという用語は一般化しているが，そのようにデザインという用語を社会に拡張したのは，サイモンである。とくに，デザインには実は「資源配分」という事前の作業が含まれているのではないかという指摘は，先見の明というべきであろう。

 文献案内　　　　　　　　　　　　　　REFERENCE

木嶋恭一・中條尚子編著（2007），『ホリスティック・クリエイティブ・マネジメント』丸善出版。

　✎　ジャクソン（Jackson, 2003）の論考を中心に，わが国の研究実践事例を合わせたシステム思考によるマネジメントにおける問題解決の方法を紹介解説している。

P. チェックランド著，高原康彦・中野文平・木嶋恭一他訳（2020）『ソフトシステム方法論の思考と実践：問題意識を共有し組織や仕組みの改善と発展に繋げる』パンローリング株式会社。

　✎　経営情報学へのシステム的な考え方を理解するための基礎となる一冊。とくにソフトシステム方法論はこの著者により提唱された。

● 本章のポイント ●

　ICT の進展とともに，組織現象はさまざまな変革を遂げている。本章では，ICT が駆動する組織変革を，ネットワークというシステムに焦点を当てて，組織そのものと，組織の構成員である人に着目することから検討していく。

　第 1 に，組織そのものに着目するとき，ICT による組織のネットワーキングのあり方の変革として，組織構造の変革に関する興味深い指摘に目を向ける。ICT の進展によって，データや情報の価値はますます重要になってきており，ビッグデータ解析は，これまで不明だった，あるいは，これまでの理解とは異なる現象を明らかにし，新たな知識をもたらすものになっている。ビッグデータ解析によって，組織構造に関しても，従来とは異なる構造特性が示されている。

　第 2 に，組織の構成員である人（組織メンバー）に着目するとき，ICT による人のネットワーキングのあり方の変革である，働き方の変革については，とくに近年，新たな現象の展開をみることができる。ICT がもたらす情報のマネジメントが，組織メンバーに新たな働き方を可能にさせ，イノベーションの創出の仕方にも変化をもたらしていることを理解する。

ネットワーク組織　　ビッグデータ解析　　ネットワーク分析
リモートワーク　　場　　イノベーション

KEYWORDS

1 組織のネットワーキングの変革

ハイアラキー組織と
ネットワーク組織情報技術の進展は，情報伝達コストを削減し，従来は当たり前とされた時間的・空間的制約から解放された組織のあり方を提示した。このような組織のあり方をめぐって，情報技術の進展を踏まえた**ネットワーク組織**に関する議論が，1980 年代から活発に検討された（今井・金子，1988；寺本，1990）。

ネットワークとは，もともと，複数のノード（点）とそれらを結びつけるエッジ（線）から形成される網状の構造体を表す概念である。コンピュータをノードとし，コンピュータを連結する回線をエッジとすれば，コンピュータ・ネットワークが，携帯電話をノードとし，通信回線をエッジとすればモバイル・ネットワークが定義できる。ネットワークには，参加者が増えると，金銭的交換を経ることなしに，他の参加者に与える便益が増えるという効果があり，これはネットワークの外部性と呼ばれている（第**9**章参照）。

ネットワーク組織という組織現象をめぐる議論は，企業組織においてはもちろんのこと，さまざまな組織において展開されていった。たとえば，これまでハイアラキー型（階層型）が当然とされた軍隊組織や，指揮者の権限が絶対とされたオーケストラ組織においてさえ，この発想を取り入れようとする動きが広まっていった。

ネットワーク組織に関しては，概念的には，組織階層を編成原理の基本とするハイアラキー組織との理念的対比のもとで理解さ

れていた。組織構造の基本型は，職能制組織，事業部制組織，プロダクト・マネジャー制組織，マトリックス組織，カンパニー制組織，持株会社などのさまざまな形態が提示されているが，その編成原理の基本は階層制にある。しかし，情報技術の進展は，「企業内の階層が少なくなる」「企業組織のフラット化が進む」「プロジェクト・チームを容易に導入・拡大できる」など，組織がよりフラットになり，サブ組織の自律性が高まるとの意識を向上させ，それが，階層制を編成原理としない新たな組織構想，すなわちネットワーク組織についての議論を，より活発なものにしていった。

　ネットワーク組織の特徴としては，階層制ではない編成原理に基づいている，ある関係のもとにある程度まで継続的に連結されている，構成単位は自律的で緩やかに結合している，組織内・組織間現象を説明できる，上述したネットワークの外部性をもつ，個人・部門・企業などのさまざまな構成単位を考えられる，などがあげられてきた。また，ハイアラキー型の組織の欠点として指摘されてきた，意思決定チャネルが長い，市場の変化に対して柔軟な対応がとりにくく調整コストもかかる，プロセスを概観できる意思決定責任者が市場から離れているため情報の漏洩や歪曲が起こりやすく，時宜にかなった意思決定ができない，などについて，ネットワーク組織は，これらを補うことができる組織構造として，期待が高まっていた。

　組織構造はハイアラキー型からネットワーク型に移行し，ネットワークへの自由な参加や離脱が組織の境界を消滅させ，自律的な個の自由な連携が触発されるとの指摘が数多くみられた。また，たとえばオープンソース・ソフトウェア（OSS：Open Source

表7-1　ハイアラキー組織とネットワーク組織の特性

ハイアラキー組織	ネットワーク組織
中心化されたシステム	多中心システム，脱中心システム
メンバーの行動や役割は制限的，固定的，定型的	メンバーの行動や役割は自律的，自由裁量的
メンバーとメンバーの関係は垂直的，支配・従属関係	メンバーとメンバーの関係は水平的，対等関係
メンバーの行動はタイトな統合	メンバーの行動はルース（緩やか）な統合
同質的，安定的な環境と適合	異質的，不確実性の高い環境と適合
効率性，規模の経済性の追求	スピード，多様性の追求

（出所）　寺本（1990），16-20頁より作成。

Software）開発においては，グローバルに展開したバーチャルな
ネットワーク組織が，世界中のエンジニアの自由な参加と活発な
活動を促し，開発を成功に導いた事例がいくつもあげられた。

　ハイアラキー型とネットワーク型の組織の理念的特性は表7-1
のようにまとめられている。しかし，ハイアラキー組織とネット
ワーク組織は異なった2つのタイプというよりも，組織のネット
ワーキングの理念的連続体上の両端をなす組織構造とも考えられ
ていた。ICTの進展とともに激変する環境下では，実際に組織
内に多様性を保持しているネットワーク組織がうまく機能するこ
とが，盛んに指摘された。

　　　　　　　　　　　　　　　　インターネットでつながる世界の出現
┌─────────┐
│ ビッグデータ解析 ╱　は，個人がアクセス可能なデータを爆発
└─────────┘
的に増大させ，また，情報を自由に発信することも可能にして

いる。これらの情報やデータを収集したビッグデータがさまざまなかたちで応用されるようになっている。たとえば，誰が，いつ，どこで，何を購入しているか，誰が，いつ，誰と，どのようなメッセージのやり取りを行っているかなど，あらゆるものが提供の意図と関係なく，価値あるデータとして集積されることで，ビッグデータが至るところに出現し，**ビッグデータ解析**を行うことによってさまざまな現象が浮かび上がってきている。このことは，これまで明らかにできなかった新たな知識を組織にもたらすものである一方，あらゆるデータが価値をもつものとなり，企業が競って可能なすべてのデータを収集するという，倫理上の問題も引き起こしている。

今日，ナレッジマネジメント・ツールの発展により，ビッグデータの解析もかなり進展し，多くの可能性を呈している。したがって，これまでわからなかった多くの現象の解明が行われるようになっている。これは，組織構造についても新たな知識をもたらしている。

膨大なデータの蓄積・分析は，これまでの考え方とは異なった現象を理解することを可能にするものである。以下で検討するように，ビッグデータのネットワーク分析によって明らかにされたネットワーク構造への知見は，ビッグデータ解析の貢献の一例に当たる。

ネットワーク分析

ネットワーク構造に関しては，社会ネットワーク論において関係性を数量化して分析する研究が進展してきた。**ネットワーク分析**とは，連結の有無や向きを中心に分析することで，関係性を総体としてとらえると同時に，その総体としての性質が個々の関係性にどのように反

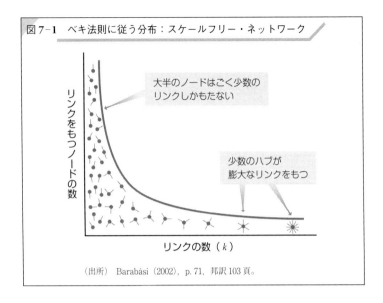

図7-1 ベキ法則に従う分布：スケールフリー・ネットワーク

大半のノードはごく少数の
リンクしかもたない

少数のハブが
膨大なリンクをもつ

リンクをもつノードの数

リンクの数（ k ）

（出所）Barabási（2002），p. 71，邦訳103頁。

映されるかを明らかにするものである。

　2000年頃から，ICTによるビッグデータ解析が盛んに実施されるようになったこともあり，大規模なネットワークが実は「小さな世界（small world）」となっている現象が明らかにされている（Watts and Strogatz, 1998）。巨大なネットワークにおいて世界は収縮し，その隔たりはノード数に比べて著しく小さくなることが示されている。

　また，物理学の進化ネットワーク論による，大規模なデータを対象にした分析によっても，自然界やさまざまな社会現象がスケールフリーのネットワーク構造をもつことが明らかにされている（Barabási, 2002）。スケールフリーのネットワーク構造は，ネットワークの成長というダイナミックな側面の考察を可能にするとともに，ネットワークが「ベキ法則（power law）」に従

い，大多数のノードはごく少数のリンクしかもたないが，ごく少数のハブが莫大なリンクをもち，ネットワークの要になっていることを強調する（図7-1参照）。すなわち，Webページやタンパク質のネットワークといった社会や自然界に存在する莫大なノードをもつネットワークにおいて，ハブの重要性を指摘することで，ネットワーク構造が決して平等なものではなく，情報は集まるところにさらに集まること，つまりネットワークの多くが，少数のハブとそれ以外という構造をもつことが指摘されている。

ネットワーク組織構造の可能性

前述したように，従来，ネットワーク組織は，理念的に，すべてのノードは平等に近似的に同数のリンクをもつというランダム・ネットワークの発想に基づき，ハイアラキー組織との比較において，とくにその対等性，平等性が強調されてきた（表7-1参照）。

しかし，ビッグデータへのネットワーク分析が明らかにしたものは，これまでの発想に大きな衝撃を与えるものである。たとえば，Webページの世界のような，巨大なノードをもつネットワークでは，各ノードが自由に他のノードとリンクをもてることが言及されていたにもかかわらず，実際には，少数のリンクしかもたない地味なWebページを，莫大なリンクをもつ，ごく少数のWebページがつなぎ合わせているという実態が示されている。このように，従来，ネットワーク組織の構造特性とされた，平等性・対等性とは異なる特性が明らかにされている。ビッグデータ解析から，一部のプラットフォーム・ビジネスが，莫大なリンクをもつ，ごく少数のハブとして，巨大なWebの世界を，実際には前述した「小さな世界」にする役割を果たしていることが強調

されるに至っている。

ICTによる組織のネットワーキングのあり方は，ネットワーク組織が，規模が大きくなればなるほど，想定したような対等で平等な世界観で必ずしも説明できるものではなく，ごく少数の，多くのノードをもつハブと，大多数の，少数のノードしかもたない存在となる可能性を明らかにしている。すなわち，ネットワーク組織は，当初，概念的に示されたものとは異なった構造をもつ可能性が示されている。

このことは，今日，GAFA（Google, Apple, Facebook, Amazonの4社を指す）が，サイバースペースを支配していることを説明するものでもある。参加者の増大によって，多いところにさらに多く集まるというバラバシ（A-L. Barabási）らの主張をまさに実感できる現象といえる。

ビッグデータのネットワーク分析は，組織構造のみならず組織間関係の構造についても応用されるようになっており，多数のノードからなる大規模なネットワーク構造を科学的に分析できるようになったことから，さまざまな事実が発見されている。たとえば，組織における階層の重要性の再確認や，組織間関係においても，新しい産業構造の創出におけるハブの存在とその推移の確認など，新たな現象が明らかにされている。

こうしてビッグデータ解析が可能になったことから，大規模データを解析するデータサイエンスがさらに進展し，これまで不明だった，あるいはこれまでの理解とは異なる，多くの現象の解明が行われるようになっている。また，ICTの進展は，何をどこまで解析することができるかという範囲を広げ，生み出す知識をますます拡大している。

2 人のネットワーキングの変革

リモートワークという
働き方

ICT の進展は，企業においては，従来は当然のものであった時間的・空間的制約から組織メンバーを解放するものとなった。働き方の自由度を高めるため，人と人とのネットワークのあり方である「働き方」のスタイルもさまざまなものが展開している（表7-2参照）。

大部屋型は，従来の典型的なオフィススタイルで，定められた時間に定められた場所で仕事をするパタンである。たとえば，午前9時に出社し，午後5時に退社する。従来は，このように同じ時間に，大部屋スタイルの場所で一緒に働くという，人と人とのネットワークがごく当たり前のものだった。大部屋型では，何気ない会話の機会や，肌感覚や空気感を共有することによる組織コンテクストの共有化が図りやすく，第4章で述べた，メディア・リッチネスの高い対面関係が利用しやすいことからも，コミュニケーションによる相互理解は促進しやすいものとなる。リアルな場は，新たな気づきを誘発し，イノベーションの芽を生み出す可能性も高いため，新型コロナウィルス禍（以下コロナ禍）以前では，先端の ICT 技術を利活用しながらも，好んでこのスタイルを用いる企業も多かった。

ICT による情報共有化の進展とともに，大部屋スタイルそのものにも多様なスタイルが現れた。従来は「私の席」がすべての従業員に確保されていることが当然とされていたが，働き方が多様化するにつれて，大部屋型であっても，従来とは異なるフリー

表7-2　企業における時間的・空間的制約からの解放と働き方

	同 空 間	異 空 間
同 時 間	大部屋型	サテライト型
異 時 間	フレックスタイム型	リモートワーク型

アドレス型，すなわち，固定の席をもたずに自分の好きな席で働く働き方を採用する傾向が強くみられるようになっている。このスタイルは無駄な場所をなくすことでコスト・パフォーマンスを上げる効果をもつとともに，これまでコミュニケーションを交わしたことのない人同士に，コミュニケーションの機会を提供し，組織の風通しをよくする役割を果たすものでもある。コミュニケーション・ネットワーク構造は常に変化するが，組織全体では，コンテクストの共有化を促進しやすい場を提供するものとしての期待も大きいスタイルといえる。

　ICT の進展は，さらに，働き方のスタイルを，時間的・空間的制約から解放するものへと変化していった。ICT の進展により情報共有化が進んだことで，時間的制約から解放された働き方の代表例としては，フレックスタイム型がある。コア・タイムという共有時間が設けられている場合もあるが，スーパーフレックスと呼ばれるように，基本的にいつでも自分の好きな時間に，職場で働くことが可能になってきている。人と人とのネットワークはリアルな場だけでなく，バーチャルな場を併用するものへと変化している。

　一方で，ICT の進展は，空間的制約から解放された働き方の

スタイルとして，サテライト型，すなわちサテライトオフィスを設置する動きへと進んでいった。従来は，オフィスで仕事を行うことがごく当たり前だったわけだが，サテライトオフィス，さらには自宅や自分の好きな場所においてですら，職場と同様の仕事を行うことが可能となっている。昨今，注目されている仮想オフィス・サービスの利活用は，好きなところで同じ時間に仕事をすることを前提とする場合が多い。この場合，人と人とのネットワークはバーチャルな場を想定することになる。

　時空間の制約を取り払った働き方の代表例は，リモートワーク型，あるいはテレワーク型と呼ばれるものである。ICT に支えられて，リモートワークはいつでも，どこでも仕事ができる環境を整えている。つまり，**リモートワーク**は，究極的には時間的・空間的制約を取り除くことができるものである。ここでは，ICT に支えられたコミュニケーションをいかに有効に行うか，組織コンテクストの共有をいかに図るかがカギとなる。すなわち，異時間でのバーチャルな場における人と人とのネットワークが想定されることになる。

人の働き方の変革と場

　場とは，人と人との関係が築かれ，相互交流が生じる環境のことをいう。場に加わった人々は情報を共有して，「いま，ここ」の関係を築き，相互交流する中でイノベーションを生み出していく（Nonaka and Takeuchi, 2019）。

　時空間の制約からの解放を求める場は，企業活動のさまざまな局面で日常的に観察できる現象である。表7-2 で示された，働き方で創出される場はそれぞれ異なっている。

　従来，ICT は，言語や数値で表現できる客観的で理性的な知識，

すなわち形式知の移転に多大な効果をもつものとされてきた。時空間の制約の克服では，情報共有化が必須であり，これはほぼ形式知の移転を前提として検討されてきた。狭い意味でのナレッジマネジメントがターゲットとするのはこの部分であり，多くの情報共有ツールやナレッジマネジメント・ツールが開発されている。

　大部屋型のような働き方では，人が対面関係をもてるリアルスペースでコミュニケーションを行うことが可能となる。このような中ではOJT（On the Job Training）による上司と部下との共体験の中から，観察と模倣を通じて上司の技を学び，熟練を獲得することが可能となる。このような場では，言語化可能な形式知の移転はもちろんのこと，五感が大いに利活用され，言葉や数値では表現しきれない主観的で身体的な知識，すなわち暗黙知の移転も行うことができる（*Column* ❼ 参照）。

　従来は，リアルスペースでのコミュニケーションが可能な働き方のもとでのみ，暗黙知の移転が可能であるとされていた。今日では，ICTの進展により，フレックス型のように，リアルとバーチャルの場が設定される場合，サテライト型やリモートワーク型のように，極端なケースではバーチャルな場のみが設定される場合などが考えられる。しかし，これらの場においても，たとえばバーチャルオフィスなどのサイバースペースにおける気軽な雑談，仮想現実（VR：Virtual Reality）や拡張現実（AR：Augmented Reality）による共体験の支援により，暗黙知の一部の移転がICT上で行われることが可能になっているとされる（第**3**章参照）。

リモートワークと
コミュニケーション

今日では一般的となった，時間的・空間的制約から解放されたリモートワークという働き方は，決して目新しいも

のではない。前述したネットワーク組織の議論を踏まえて、すでに30年ほど前から検討され、実施されている。ニーリー（T. Neeley）によると、初の本格的なリモートワークの体制を整えたのは、1993年、IT大手のシスコシステムズ社によるものであったといわれている。シスコシステムズ社では、開始から10年で、累積コスト削減額は1億9500万ドルに達し、社員の生産性も改善したことから、リモートワークは、少なくとも部分的には効果的な形態であることが示された（Neeley, 2021）。

　コロナ禍の世界的拡大によって、世界中の企業がリモートワークを導入し、それに移行することを余儀なくされ、これまで補完的コミュニケーション・メディアという位置づけだった、ズーム（Zoom）、マイクロソフト・チームズ（Microsoft Teams）、グーグル・チャット（Google Chat）、スラック（Slack）などのディジタル・メディアが、日常的なコミュニケーション・メディアとして利活用されるようになっていった。つまり、コロナ禍は、進まなかったリモートワークを一気に加速させ、企業は、新たにクラウド、ストレージ、サイバーセキュリティといったデジタル技術や、各種デバイスやツールといったITインフラの整備を推進せざるをえなくなった（Neeley, 2021）。

　ニーリーは、リサーチ企業のガードナー・リサーチが2020年4月に実施したアンケート調査で、回答企業の7割以上がコロナ禍終息後も無期限にリモートワーク体制を強化するとしたと述べている。また、リモートワークの人に関するメリットとして、人の通勤時間がなくなる、社員の物理的移動が不要になる（引越しがなくなる）、都市部と農村部の格差が是正される、埋もれていた労働力が活用できる、男女格差を縮小する、などがあげられて

いる。また，リモートワークの組織へのメリットとして，営業費が削減される，出張予算が削減される，オフィス物件コストが大幅にカットされる，環境の持続可能性にも貢献する，なども示されている。

一方，課題として，同僚と足並みが揃わない，同僚の姿を感じない，同僚との絆や信頼関係が損なわれる，孤独感を強める，進むべき方向性の一致が難しい，などから生じる不安感，テクノロジー疲れ，仕事とプライベートとの境がない，やる気や生産性の維持，仕事の進捗管理が難しい，など人と人とのコミュニケーションに関わる多く問題点が取り上げられている。

日本でも，コロナ禍の拡大に伴い，強制的にリモートワークへの移行が促進されている。リモートワークは上述したように，従来当たり前であった時空間の制約からの解放を実現するものとして，そのメリットが広くうたわれ，多くの企業がリモートワークを有効に実施するための，ネットワークやセキュリティの完備といった IT インフラの整備や，新たな評価方法などの組織の仕組みを急速に整えている。

多くの企業は，リモートワークと出社を組み合わせたハイブリッド型の働き方を導入しているが，出社に関する企業の方針は多様である。日本では，コロナ禍が一段落したとされるにつれ，リモートワークから，もとの出社に戻る傾向がみられる。日本経済新聞によると，コロナ禍で企業が生産性と柔軟な働き方の両立を模索する中，出社が増えていることが指摘されている（日本経済新聞，2022 年 7 月 21 日朝刊）。もちろん，完全リモートワークを実施する企業も多々みられるようになっているが，たとえばホンダが原則出社に切り替えたことは話題となった。概して，出社

を増やす企業が多いとされている。

　この傾向は，必ずしも日本に限ったことではない。グーグル社が週 3 日の出社を推奨したこと，テスラ社のイーロン・マスク（Elon R. Musk）が，「毎週，最低 40 時間オフィスで働くのが嫌だというものは，他の就職先を探すべきだ」と社員にメールして物議を醸したことが話題になった。この要因のひとつに，コミュニケーションの難しさの問題があげられている。第 4 章で検討したメディア・リッチネスの高い対面関係による肌感覚・空気感を伝えることのできるコミュニケーションが，イノベーションを生み出すためには欠かせないからとも考えられる。

　IT インフラが整備され，時空間からの制約の解放が可能となった状況下でも，人と人とのネットワーキングのあり方においては，対面関係によるコミュニケーションでの補完が不可欠であることが多く指摘されている。今日，ハイブリッド型として，出社とリモートワークを併用するケースが多い。これは，リモートワーク型の効果を高めるためにも，対面の場を設けることが必要であるという，第 4 章で検討したメディア・リッチネスの拡張についての研究に合致する現象といえる。

多様性の時代の
イノベーション

リモートワークという働き方は，多様性の時代に考察すべきさまざまな課題を提供している。上述したように，出社戻りの現象があるとはいえ，多くの会社が出社とリモートワークをハイブリッドに利活用する，新しい働き方の時代が訪れている。

　これは，ホンダの「ワイガヤ」のように，対面関係を可能とするリアルスペースでの働き方こそがイノベーションをもたらすという発想から，リモートワークという仮想空間では，組織を超え

て多様な知見が絡み合いやすく，オープン・イノベーションが生まれやすいという発想に至るまで，イノベーションの創出が，当該組織のオープン／クローズドのネットワーク特性にコンティンジェントな示唆をもたらすものである。

　多様性の時代は，働き方にも，レジリアンス（しなやかさ），バイアビリティ（成長可能性），サステナビリティ（持続可能性）をもたらす可能性をはらんでいる。しかし，異なった知見が重なり合うことでイノベーションが生み出されるかどうかは，多様な働き方のもとでどのようなコミュニケーションを行うか，どのように情報をマネジメントするかという組織能力にかかっているといえよう。

Column ❼　SECI モデル

　　知識創造理論は，世界で認められた日本発の理論であり，個人の暗黙知を組織の形式知に変換することで商品開発プロセスを説明するものとして開発された。その中核は，SECI モデルにある。これは，前述した暗黙知と形式知の間の変換プロセス，個人知と組織知との変換プロセスという 2 つの次元を扱うものである。SECI モデルは，知識変換プロセスを，「共同化（Socialization）」「表出化（Externalization）」「連結化（Combination）」「内面化（Internalization）」という 4 つのフェーズから説明するものであり，それぞれの頭文字をとって命名された（図 7-2）。

　　共同化とは，個人の暗黙知と暗黙知を結ぶフェーズである。この場では，基本的には，コンテクストを共有した個人対個人での対面関係でのやり取りが中心となる。

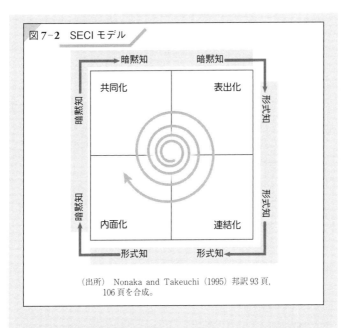

図7-2　SECIモデル

（出所）　Nonaka and Takeuchi（1995）邦訳93頁，
　　　　106頁を合成。

　表出化とは，暗黙知を形式知に変換するフェーズである。この場では，個人の知識が集団（サブ組織）に変換されるため，集団の相互作用が重要となる。また，その際，メタファー（隠喩）や対話の利用が最も強力な手段として利活用される。表出化は，個人から組織へ，暗黙知から形式知へという2つの転換がなされるSECIモデルの最も重要なフェーズといえる。

　連結化とは，表出化で形式知化された形式知を他の形式知と結ぶフェーズである。この場では，グループ間，部門間を基本単位として，サブ組織間で，さらに組織全体へと，形式知が連結されていく。

　内面化とは，形式知を暗黙知に変換するフェーズである。この場では，組織から個人へ，形式知から暗黙知へという2つの転換が行われる。形式知として理解した組織知を行動による学

習によって個人が体得するプロセスを意味する。

　　知識変換は，これらの４つのフェーズをスパイラルに展開することで進化する。こうした知のスパイラルを支援・促進する要件としては，①知識ビジョンを明確にし，創造された知識を正当化する組織的意図，②個人の自由度を増す自律性，③既存の知識に対する疑問を生起させるゆらぎと創造的なカオス，④暗黙知の共有を容易にする情報冗長性，⑤組織が簡素な構造で数多くの事態に対処できる最小有効多様性，の５つがあげられている（Nonaka and Takeuchi, 1995）。

文献案内　　　　　　　　　　　　　　　　　REFERENCE

寺本義也（1990），『ネットワーク・パワー』NTT 出版。

　✎　ネットワーク組織について組織論の立場から検討している。

A–L. バラバシ著，青木薫訳（2002），『新ネットワーク思考：世界のしくみを読み解く』NHK 出版。

　✎　膨大な規模のネットワークがもたらす世界とハブの重要性を明らかにしている。

T. ニーリー著，山本泉訳（2021），『リモートワーク・マネジメント：距離と孤独を乗り越える強いチームづくり』アルク。

　✎　リモートワークによる働き方の変化とマネジメントのあり方について検討している。

| 第**8**章 | *ICT と価値創造* |

● 本章のポイント ●

　GAFA の略称で括られ最強のビジネスモデルを展
開する Google, Apple, Facebook, Amazon に見
られるように，ICT と社会状況の急激な変化を背景
に，情報はもはや経営の手段であるだけはなく，情報
の取り扱いそのものが経営・ビジネスとなってきてい
る。多くの企業にとって，ビジネスをモノからコトに
転換して，情報を経営しうまく取り扱うことで，経済
的・社会的・文化的さらには情緒的な価値まで独創的
な価値を創出するという新しい発想が重要となって
いる。本章では，「情報を経営する」という視点から，
企業組織のコトづくり，価値創造のプロセスに焦点を
当てるサービス・サイエンス（サービス科学）につい
て紹介し，その中心であるサービスとサービスシステ
ム，サービス・エコシステムの考え方を解説する。つ
いで，サービスの進化の段階として，量，品質から
サービス・クオリアという新たな概念を説明する。さ
らに，サービス・イノベーションとイノベーションの
ジレンマについて解説する。

サービタイゼーション　　サービス・サイエンス　　価値共創
サービスシステム　　サービス・エコシステム　　サービス・イ
ノベーション

KEYWORDS

1 価値創造と情報

　インターネットをはじめとする ICT・ディジタル技術と社会状況の急激な変化を背景に，情報はもはや経営の手段であるだけはなく，情報の取り扱いそのものが経営・ビジネスとなってきている。たとえば，GAFA の略称で括られ，現在の最強のビジネスモデルを展開する Google，Apple，Facebook，Amazon は，まさに情報の取り扱い方こそがその強みの源泉である。そこでは，「経営に情報を利活用し」「情報で経営する」だけでなく，「情報を経営し，情報をうまく取り扱う」ことで，情報から経済的・社会的・文化的価値さらには情緒的な価値に至るまで独創的なさまざまな価値が創出されている。

　このような情報から価値をつくり出す動向は，サービス経済化の進展と呼ばれ，現在の大きな流れとなっている。とくに先進国では「モノ」から「コト」への転換が叫ばれ，モノづくりから体験，経験（サービス）の振興に経済活動の重心がシフトしている。もはや，単に製品だけを売るのでは消費者に満足を与えることはできず，モノであってもそれがどのような「価値」を運ぶのかに焦点が当てられる。価値は，必ずしも仕様や機能に直結せず，顧客に依存する主観的特徴をもっている。言い換えれば，価値は品質と必ずしも同一ではなく，顧客が主観的に感じるベネフィット（便益）であって，品質がよくても，その財・サービスに価値を感じるかどうかは顧客ごとに異なると考えられるのである。

　したがって，多くの企業にとって，新たな価値づくりに関心を向け，今まで販売していたモノを，それ自体ではなくそのモノが

生むコトに価値を見出してビジネスモデルを転換するという新しい発想が本質的に重要となっている。このように、モノが生むコトに価値を見出すビジネスモデルの転換をサービス化（**サービタイゼーション**〔servitization〕）と呼ぶ。たとえば、自動車メーカーが、消費者が購入するのはその自動車自体というモノではなく、そこから得られるコト（移動やドライブなどの体験）や便利である、楽しいなどといった価値と考える発想である。

　モノからコトすなわちサービス化の流れは、第一次産業にもみられ、第一次産業の第六次産業化と呼ばれている（6は1と2と3の積＝掛け合わせ＝シナジー効果である）。これは、第一次産業が農畜産物、水産物の生産だけでなく、食品加工（第二次産業）、流通、販売（第三次産業）にも農業者が主体的かつ総合的に関わることによって、新たな価値を生み出し、その対価を農業者自身が得ることによって農業を活性化させようというものである。具体的な手段として、農業のブランド化、消費者への直接販売、レストランの経営などが実行されている。各産業の単なる寄せ集め（足し算）ではなく、有機的・総合的結合を図り、システムによる創発として新たな価値の創出を狙うことがその要となっている。

2 サービス・サイエンス（サービス科学）の考え方

　このようなサービス化の潮流を踏まえて、コトづくり、価値創造に焦点を当てるために近年注目されているのが**サービス・サイエンス**（サービス科学）である。サービス・サイエンスはIBMを中心としたICT産業界と研究者によって提唱され、サービスに

関するサイエンス（科学）だけではなくマネジメント，工学，デザインまでを含むService Science, Management, Engineering and Design（SSMED）として包括的な学問体系を目指している（Maglio et al. eds., 2010）。

　サービス・サイエンスは，ただ単に，あるサービスのひとつひとつの特徴を記述するというより，人々や技術，ビジネスロジックを互いに結びつけ，ひとつのシステムとして新たな価値を創発するサービスの展開を目指して，情報工学，認知科学，経済学，組織行動論，マーケティング，オペレーションズ・リサーチなどの分野のコラボレーションが進められている。

　モノとサービスの比較は従来から研究されており，それによれば，サービスは次のような特徴があると指摘されてきた。サービスは，無形性（intangibility）をもつため，手に触れることのできない提供者の活動の結果であり，このことから価格決定が難しくなる。また，異質性（heterogeneity）をもつため，同じサービスでも，提供する人，提供される場所，利用者の置かれている環境や心理状態により，サービスの効果や利用者の受け止め方が異なる。そのためサービス品質の差が起きやすくなる。さらに，不可分性（inseparability）をもち，生産と消費が不可分で双方向的であって，時間的・空間的に同時に起こるため，サービスの品質の事前チェックは困難となる。加えて，消失性（perishability）をもち，サービスは在庫できず保管できない。これらのサービスを特徴づける4つの属性は，頭文字をとってIHIPと呼ばれている。

　IHIPが示す特徴から，モノを扱うビジネスに比べてサービスに関わるビジネスでは，そのサービスを繰り返して利用する顧客，いわゆるリピーターがより重要であることがわかる。実際，

サービスに関わるビジネスを成功させるためには，いかにリピーターを増やしそれを維持するかがきわめて重要である。なぜなら，サービスは体験であるから，その体験記憶が良ければ，繰り返して参加することに意味を見出しうるからである。一方，モノについてはいったん購入・所有してしまえば，その耐久期限がくるまでは必要な機能は充足され，改めて購入する動機は生まれにくい。たとえば，次章で述べる定額サブスクリプションは，典型的なリピーター維持システムとみることができる。

サービスとサービス
システム

サービス・サイエンスは，モノとサービスを対比するというより，基本的にモノとサービスを共通の視点からとらえようとする。すなわち，サービスを，「サービス提供者とサービス顧客の相互作用を通して，両者が一体となって価値をつくり上げる（共創）プロセス」と定義するのである（Spohrer et al., 2010；武山，2017）。ここで，価値は，経済的な価値に限定されず，社会的・文化的・情緒的な価値など広範囲な価値を意味する。このように，サービス・サイエンスにおけるサービスは，小売業，観光業，ホテル，レストラン，交通システム等のいわゆる「サービス」産業よりもはるかに広く包括的な概念である。

たとえば，医療サービスは，医師が患者に問診し，検査し，薬を処方して患者の健康レベルを快復させる一方，患者は問診に回答し，検査に協力することで，医師の経験レベルと専門知識の蓄積に貢献するプロセスであり，それぞれにとっての価値が共創されているととらえる。

サービスが顧客と提供者の相互作用による**価値共創**のプロセスであると定議されるとき，サービスは，要素と相互作用から成り

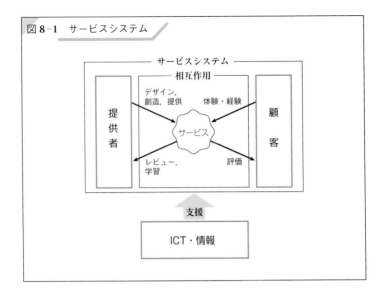

図8-1 サービスシステム

サービスシステム

相互作用

提供者

デザイン,
創造,提供　　体験・経験

サービス

レビュー,
学習　　　　評価

顧客

支援

ICT・情報

立つシステムとしてとらえられる。サービスの基本的単位は**サービスシステム**と呼ばれ,サービス提供者とサービス顧客との相互作用が,ICT と情報によって促進される点が本質的に重要であるとされる（Spohrer et al., 2010）（図**8-1**）。

　図**8-1** で示すようにサービスシステムは提供者と顧客およびその相互作用から構成される。両者間の相互作用は,典型的には次のような循環構造をとる。サービス提供者はサービスをデザインして,創造し提供する。そのサービスは顧客によって体験,経験され評価される。提供者は顧客からの評価を直接的ないしは間接的に学習し,何らかのフィードバックを得る。そのフィードバックをもとに,提供者はサービスをデザインし直し,これを提供し,循環構造は繰り返される。そしてこの相互作用の循環はICT・情報によって支援される。

このようにサービスを「顧客と提供者の相互作用による価値共創のプロセス」とする見方が，要素間の相互作用とそのプロセスに注目することからわかるように，サービス・サイエンスの提唱者のひとりであるスポーラーは，サービス・サイエンスはシステム科学のひとつの適用分野と述べている（Spohrer et al., 2010）。

　サービス提供者とサービス顧客の相互作用による価値共創のプロセスでは，そこで創出された価値の評価は当事者の主観や状況に依存し，この意味で「サービスは文脈に依存する（context-dependent）」といわれる。たとえば，レストランでまったく同じ仕様の料理が提供されたとしても，顧客のそのときの食欲やタイミング，誰とその食事をとるかなどによってそこで得られる価値は異なるであろう。その意味で，サービス提供者が提供するのは，価値そのものではなく価値提案（value proposition）である。同じ価値提案に対して，それに価値を見出すか見出さないかは顧客を含む文脈に依存するというわけである。

　システム論の立場からみれば，サービスが文脈に依存するという考え方は，価値共創のプロセスが顧客と提供者間に相互の適応が求められ，両者間で絶え間ない学習・相互理解が必要であることを示唆している。価値共創のプロセスを通して，文脈が意味を形成するのである。

サービス・
エコシステム

序章で述べたように，エコシステムとは，そのシステム内の要素が互いに依存しつつ，その生存を維持しようとするシステムである。エコシステムの概念をサービスに適用したのがサービス・エコシステムで，サプライヤー，パートナー，行政機関などさまざまな要素がどのように連携して生存可能性，持続可能性を

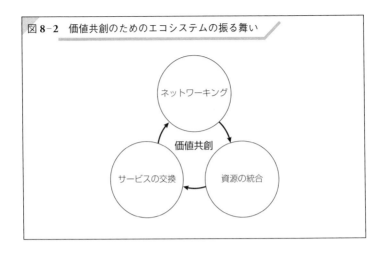

図8-2 価値共創のためのエコシステムの振る舞い

ネットワーキング

価値共創

サービスの交換

資源の統合

実現するかを分析することができる。

たとえば，スマートフォン，メール，インターネットなど，各種のコミュニケーション・サービスが連携し合うことで高いシナジー効果を生み，サービスを発展させることで全体としてより高い価値をもったサービスを生み出すことが可能になる。また，製品開発や技術改革，研究開発や組織改革などにおいて，自社以外の組織や機関などがもつ知識や技術を取り込んで自前主義からの脱却を図るオープン・イノベーション（Chesbrough, 2003）や協業は，新たな価値を生み出したり単独では行えないような領域にもチャンスを広げることを可能とし，システム全体の生存可能性，持続可能性を高めることになる。

ヴァーゴ（S. L. Vargo）らは，サービス・エコシステムとしてそれを構成するいくつかの要素システムが価値共創を進めるためには，ネットワーキング（パートナーと連携する），資源の統合（それぞれの資源を活かしたシナジー効果を求める），およびサービ

スの交換（それぞれからのフィードバックを利活用する）からなる
循環構造を進めることが重要であると指摘している（Lusch and
Vargo, 2014）（図 **8-2**）。

3 サービス品質とサービス・クオリア

サービス品質の
ギャップモデル

顧客と提供者の相互作用による価値共創
のプロセスを進めていくためのよく知ら
れたモデルに，マーケティング・サイ
エンスの分野で提唱されたサービス品質のギャップモデル（Gaps
Model of Service Quality）がある（Parasuraman et al., 1985）があ
る。

　このモデルは，顧客が予想・期待するサービスと提供者が実
際に提供するサービスとの差異（ギャップ）を分析するモデルで，
顧客満足からサービスの品質を評価するモデルとしてよく知られ
ている（図 **8-3**）。古典的なモデルであるが，提唱されて以来さ
まざまなアップデートを経て現在でも実際に用いられている。

　このモデルは，顧客のサービスに対する期待と実際に顧客が知
覚するサービスとの差（ギャップ）である顧客ギャップの解消が，
顧客に満足を与えるサービス品質であるとして，顧客ギャップ解
消の 4 つのステップを分析している。第 **3** 章で述べた「問題解
決＝ギャップの解消」を具体的なかたちで分析検討している典型
的なモデルである。

　顧客ギャップ解消のためには，まずギャップ 1，すなわち，顧
客の期待するサービスとその期待に関する提供者の知覚の差を解

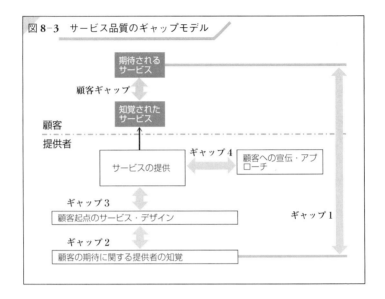

図8-3　サービス品質のギャップモデル

期待される
サービス

顧客ギャップ

知覚された
サービス

顧客

提供者

サービスの提供

ギャップ4　顧客への宣伝・アプローチ

ギャップ3

顧客起点のサービス・デザイン

ギャップ1

ギャップ2

顧客の期待に関する提供者の知覚

消しなければならない。このギャップは，提供者が顧客の望んでいるサービス内容がわからないということであり，マーケティング調査のやり方が適切でない場合などにこのギャップが生じる。ソーシャル・メディアの利活用などICTの進展により，多くの解消の手段が考えられる。

　ギャップ1が解消され顧客の期待は理解していても，それが設計しきれていないときに生じるのがギャップ2，すなわち，デザイン・ギャップである。これは，顧客の期待を理解できていてもそれがサービスの設計に落とし込めていないときに生じるギャップである。顧客の期待を，従業員が理解し実行できるサービスの仕様に落とし込めていないということである。

　ギャップ3は顧客の期待を満たすようにサービスの設計はできているものの，その提供がうまく実現できない場合に生じる

ギャップで，パフォーマンス・ギャップと呼ばれる。サービスを実際に顧客に提供する人材の能力に関係する場合も多い。

　加えて，提供するサービス内容と，顧客に宣伝，ソーシャル・メディアなどで伝えられた情報とのギャップ（ギャップ4，コミュニケーション・ギャップと呼ばれる）を解消することは，顧客のサービスに対する期待形成に大きな影響を及ぼすので，顧客ギャップの解消には不可欠である。とくに，ギャップ4の解消には，ソーシャル・メディアや多様なチャネルによる正確な情報提供の役割が大きい。

　以上，図8-3で縦方向に示した矢印からもわかるように，ギャップ1からギャップ3までが解消される，すなわちゼロになれば，基本的に顧客ギャップは解消される。

　先に述べたように，サービスは文脈に依存するので，その定量的な評価は困難であるが，このモデルでは，サービス品質を知覚品質（perceived quality）という考え方でとらえ，その測定尺度として "SERVQUAL" が提案されている。"SERVQUAL" はサービス（service）と品質（quality）を組み合わせた造語であるが，知覚品質を決める5つの次元について，20を超える質問事項（7段階評価）を用いて，次元ごとにサービス利用者が事前にイメージしていたサービスへの期待と実際にサービスを受けた知覚とのギャップを測定してサービス品質を求める手法を意味し，広い範囲のサービス品質の評価に適用されている。

quantity（量），quality（品質）を超えたqualia（質感）へ

「価値が文脈に依存する」サービスの特徴をとらえる概念として，定量的指標，定性的指標（サービス品質）を超えて，サービス・クオリアという主観的な視点が注目されている（茂木，

表 8-1　量・品質・質感

	量	品 質	質 感
特　徴	● 客観的 ● 計測可能	● 客観的あるいは主観的 ● マニュアルに従って創出可能	● 心理的・文化的な要素に依存 ● 科学的アプローチだけでは実現しにくい ● マニュアル化は困難
ホテルでのサービス (例)	客室の掃除の頻度	部屋の雰囲気／印象	従業員と顧客との関係, 気遣い
自動車 (例)	燃費	ドアの閉まる音	デザイン

2006)。

　クオリア (qualia) とは, 感覚的・主観的な経験に基づく独特の質感を意味する。たとえば, 晴れた秋空の「青く清々しい感じ」のような, 特定の感覚的経験に伴う独特の質感を表す概念である。量的満足, 機能的満足などのいわゆる科学的で分析的なアプローチを超えた第三の満足感といってもよい。

　サービスの差別化・進化は, 量から質, 質から質感へと進むといわれる。その特徴と例を**表 8-1** に示した。質感を含めて, 人間の感性という主観的で論理的に説明しにくい反応を, 科学的手法によって価値を発見し利活用することによって, 社会に資することを目的とした学問として感性工学がある。これは, 人の心地を知る感性計測技術などを用いて, 人の心や体の反応を価値の創出に活かす理系と文系の融合領域である。

　個人または組織が製品またはサービスを, 品質を超えてクオリア (質感) をもって提供するためには, 顧客からのコメント, あ

るいはフィードバックに基づく学習を超えて，顧客のもつ固有の感性を予測できる能力（anticipation）が求められる。この状況において，ビックデータ解析や人工知能・高度なアルゴリズムを支える ICT の役割は非常に大きいと期待される。

4 価値の創出と進化

サービス・イノベーション

イノベーションとは，アイディアや発明を顧客が進んで対価を払うような価値を生み出す商品やサービスに変換するプロセスを意味する。ビジネスでは，顧客のニーズと期待をより満たそうとアイディアを絞ることによって，しばしばイノベーションが生じる。あるアイディアや発明がとくにサービス・イノベーションと呼ばれるためには，それが経済的な費用で複製可能で，特定のニーズを満たす必要があるという点に注意しなければならない。

　サービス・イノベーションには，資源からより大きなまたは斬新な価値を引き出すための情報，想像力を意図的に方向づけて，新しいアイディアを生成し，さらにこれを有用なサービスに変換されるすべてのプロセスが含まれる。

イノベーションの類型

イノベーションを単にアイディアや発見とするのではなく，経営あるいはマーケティングの文脈でもとらえる立場から，クリステンセン（C. M. Christensen）はイノベーションを 2 つの軸（属性）により特徴づけている（図 8-4）。

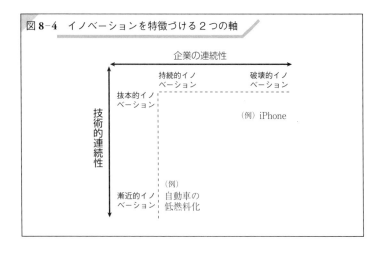

図8-4 イノベーションを特徴づける2つの軸

企業の連続性

持続的イノ　　　　破壊的イノ
ベーション　　　　ベーション

抜本的イノ
ベーション

技術的連続性

（例）iPhone

（例）
漸近的イノ　　自動車の
ベーション　　低燃料化

　ひとつは，イノベーションの技術的連続性の有無に関わる軸で
あって，そのイノベーションが，従来の技術の延長線上のものな
のか，それとも従来の技術とは根本的に異なるまったく新しい技
術に基づくものなのかという視点である。もうひとつは，イノ
ベーションが企業の存続・非存続に関わる軸であって，イノベー
ションが，主力企業の存続に対して肯定的な効果をもつのか，否
定的な効果をもつのかという視点である。

　このように，クリステンセンは，イノベーションについて，技
術的連続性と，企業の存続・非存続という独立した2次元からと
らえる。前者の技術的連続性の有無という分類軸は従来からの
伝統的な分類軸でありわかりやすい。この軸に沿って，従来的
技術の延長線上にあるイノベーションを漸近的イノベーション
（incremental innovation），従来の技術とは断絶した技術に基づく
イノベーションを急進的イノベーション（radical innovation）と
呼ぶ。一方，企業の存続・非存続という分類軸は，クリステンセ

ン独自の問題意識に対応した分類軸で，既存顧客のニーズに合わせ，自社製品やサービスの価値を向上させるために継続して生み出されるイノベーションを持続的イノベーション（sustaining innovation），主力企業が対応に失敗し破滅的結果を招くようなイノベーションを破壊的イノベーション（disruptive innovation）と呼んだ。

　持続的イノベーションの具体例には，Web サービスのユーザビリティ向上や，自動車のモデルチェンジによる低燃費化や高性能化などがあげられる。一方，破壊的イノベーションは，市場競争のルールが根底から破壊され，既存主力企業のシェアが奪われるほどのイノベーションである。典型的な例として Apple の iPhone がわかりやすい。iPhone は，それまでの携帯電話としての機能に加え，音楽プレイヤーやさまざまなアプリのプラットフォームの付加価値がついた小型コンピュータとして開発され市場に投入された。現在はスマートフォンの代表として広く普及しているが，あらゆるサービスをコンピュータに代わって気楽にいつでも受けることができる iPhone の付加価値機能は，既存の携帯電話や情報機器メーカーにとって脅威となった。実際，従来の携帯電話を「ガラパゴス化」させ，スマートフォンアプリという新しい技術をつくるなど，市場に劇的な変化をもたらしたのは周知のごとくである。このように，それまで成功していた主力企業の立場に立ってみると，破壊的イノベーションは市場における自らのシェアを突き崩す脅威となるわけである。

　このようにイノベーションを 2 つの軸からとらえることにより，イノベーションを単に技術だけではなく，経営へのインパクトの視点をあわせてより重層的に理解しようとした点で，クリステン

センの貢献は大きい。

イノベーションの
ジレンマ

すぐれた経営を行うことができる組織・企業であればあるほど，市場構造を大きく変えるような破壊的イノベーションに失敗することが多いとして，クリステンセンが主張した「すぐれた経営が有力企業を没落させる」「顧客重視の経営・市場重視の経営が企業を失敗に導く」という言明は，「イノベーションのジレンマ」としてよく知られている（Christensen, 1997）。ここで，すぐれた経営とは，顧客の意見に耳を傾け，顧客が求める製品を増産し，改良するために新技術に積極的に投資する企業であり，市場の動向を注意深く調査し，合理的に最も収益率の高そうなイノベーションに対して適切な投資配分をする企業を意味する。

　クリステンセンのイノベーションのジレンマの基本的な発想は，序章に述べた環境適応の考え方である。すなわち，ある企業が成功しているとは，技術を含めた環境に対して最適に適応していることであり，無駄を徹底的に排除しその環境に最適なかたちで向き合っていることを意味する。そのときに新たな技術等が出現して環境が一変すると，最適に適応していた企業であればあるほど余裕や剰余資源の欠如などにより適応できなくなる。これにより，「すぐれた経営が優良企業を没落させる」という命題が導かれるわけである。

　生存可能性の維持のためには，環境に最適に適応するとともに，必要最小限の多様性と冗長性（余裕，得てして無駄と思われるかもしれない性質）が求められる。

　経営情報学を含む社会科学は，物理学等の自然科学のような意味で科学とはいい難い点がある。チェックランドは，自然科学にみられる科学的活動を特徴づける３つの普遍的形態として，還元主義，再現可能性および反証可能性をあげている（Checkland, 1999）。物理学などの自然科学は，現実世界の複雑な現象を，①実験により単純なものへと還元し，②その実験は再現可能性（同じ条件で実験をすれば場所・時間にかかわらず同じ結果が得られる）により結果が保障され，さらに，③仮説の反証可能性（仮説を現象と照らし合わせてその真偽を確認できる）によって知識の確立を図るというのである。

　これに対して，人間を含む社会現象を取り扱う科学では，現象は一度限りで，実験等によって再確認することは一般に難しい。たとえ同じ条件のもとで同じ現象が9999回起こったとしても，それから一般法則を導出することは厳密な意味ではできない。１万回目にこれが起こる保証はない。

　証明されているわけではないが，よく知られている仮説は，しばしば経験則と呼ばれる。本章で述べたクリステンセンのジレンマに関連する経験則として，「パレートの法則」と「２：６：２の法則」を紹介しよう。パレートの法則は，「２：８の法則」とも呼ばれ，ビジネスの世界だけでなく社会現象や自然現象に広く適用されている。たとえば，顧客全体の２割である優良顧客が売上の８割をあげているという観察は，この典型である。これによれば，すべての顧客を平等に扱うのではなく，２割の優良顧客を差別化することで８割の売上が維持でき，高い費用対効果を追求できることが示唆される。また，マーケティングの分野では「全商品の上位２割が８割の売上をあげる」「10項目の品質向上リストのうち上位２項目を改善すれば８割の効果がある」といわれている。

「2：8」の8の部分をさらに細分した「2：6：2の法則」は，「働きアリの法則」とも呼ばれる。働きアリの社会では，全体の2割が必死で働き，6割は適当に仕事をして，残りの2割がまったく働かないのだが，いざ外敵に襲われるなどの緊急事態が起こったとき，それまで働かなかった2割ががぜん活躍し始めるという。組織にも遊び，余裕が必要で，全員がやる気満々でぎらぎらしていると，組織はギスギスしてしまいかえってうまく回らず，また，全員が100％の力を出しきって余力がない状態だと，いざ緊急事態があったときに対応できないというわけである。競争から外れた「働かないメンバー」が一定数いるような組織の方が実は強く，2：6：2の最後の「2」も，組織にとって必要な存在だということである。多様な人材を許容する余裕がある組織は，環境適応能力の高い柔軟で健全な組織だということができよう。

 文 献 案 内　　　　　　　　REFERENCE

武山政直（2017），『サービスデザインの教科書：共創するビジネスのつくりかた』NTT 出版。

　✎ "顧客志向"から"価値共創"へ，「与えるものとしてのサービス」を「ともにつくるものとしてのサービス」ととらえ直すことの意味を実践的に述べている。

第**9**章　超スマート社会と情報経営

● 本章のポイント ●

　急速に進むディジタル・トランスフォーメーション（DX）がもたらす企業組織への大きなインパクトについて説明する。まず，ディジタル・トランスフォーメーションの意味とそれが目指す方向について述べ，企業にとってそれは，モノの販売からコトの経験への変換すなわちサービタイゼーションを意味し，使用に対する支払いから価値に対する支払いへの視点の転換をもたらすことを明らかにする。ついで，サービタイゼーションが生み出す価値として経済価値，体験価値，ネットワーク価値を区別し，とくにネットワーク価値を生み出す現在の最強のビジネスモデルのひとつであるプラットフォーム・ビジネス，シェアリング・エコノミーについて説明し，その特徴を表現する両側ネットワーク外部性の概念を解説する。最後に，ディジタル・トランスフォーメーションがもたらす社会へのインパクトと課題について検討する。

ディジタル・トランスフォーメーション　　サービタイゼーション　　プラットフォーム・ビジネス　　両側ネットワーク外部性
シェアリング・エコノミー　　アルゴリズム革命

KEYWORDS

1 ディジタル・トランスフォーメーションと超スマート社会

ディジタル・トランス
フォーメーション

人類は発明や技術革新が起きるたびに劇的な変化を生み出してきた。「狩猟社会」（ソサエティ 1.0）から始まった人類は，より安定して食糧を生産できるようになった「農耕社会」（ソサエティ 2.0）を経て，18 世紀のイギリスで発生した産業革命は，石炭や蒸気機関を利用した動力源の開発により爆発的な生産力の向上をもたらし「工業社会」（ソサエティ 3.0）を実現した。

コンピュータが普及した「情報社会」（ソサエティ 4.0）において，1990 年代には情報通信革命（IT 革命）が引き起こされ，今世紀に始まるユビキタス時代（info on your finger：すべての情報が指先の上にある）の幕開けとなった。2007 年に初代 iPhone が発売されて以降，誰もがスマートフォンをもつ時代が到来した。今や，多くの人が常にモバイル・デバイスを肌身離さず持ち歩き，SNS を通して，情報を瞬時に発信し，取得し，シェアし，さらには共感を得ようとする時代であり，その背景にはどこにいてもどんな端末からもクラウドにアクセスできる技術進化がある。

このように今まさに進行している，人類史に残る新たな劇的な社会・産業構造の変革・社会現象をスウェーデンのストルターマン（E. Stolterman）は，**ディジタル・トランスフォーメーション**（DX：Digital Transformation）と呼び，「進化し続ける情報技術が人々の生活をあらゆる面でより良い方向に変化させる変革」と定義した（Stolterman and Fors, 2004）。

そこでは「クラウド」「モバイル」「ソーシャル・コンピュー

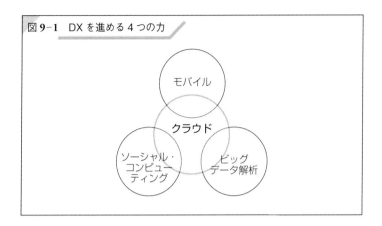

図9–1　DXを進める4つの力

- モバイル
- クラウド
- ソーシャル・コンピューティング
- ビッグデータ解析

ティング」「ビッグデータ解析」の4つの力の結びつき（結節）が，人々の行動様式を変え，同時に新たなビジネスを生み出す原動力になるといわれている（図9–1）。これらの4つが結びついて，ディジタル・トランスフォーメーションは，大きな変化を引き起こし，超スマート社会（ソサエティ5.0）を創出するのである。

　スマートフォンを典型とする「モバイル」は，すべてのアプリケーションの接続ポイントとなり，利用者にパーソナライズされ，最適なタイミングで即座にコンピューティング環境を提供する。セキュリティが守られたモバイルにより，リーズナブルなコストで利便性の高いサービス提供が可能になるだけでなく，実行プロセスが劇的に短縮される。

　また，「ソーシャル・コンピューティング」によって，企業は固定された組織構造と決められたチームから，組織の壁を越えた組織横断型のコミュニティへと変貌し，目的意識の確立や行動への動機づけといったマネジメントの基盤も変化が生じる。

　内外のさまざまな情報源から絶え間なく流入するデータが意味

ある情報へ変換され，「ビッグデータ解析」により，先を見通す予測とそれに基づく戦略形成が可能となる。

「クラウド」は，上に述べた3つの力をつなぐ役割を果たす。モバイルはパーソナル・クラウドであり，ソーシャル・メディアはクラウドがなければ実現できない。ビッグデータ解析は，クラウドの最強のアプリケーションとしての役割を果たす。

わが国のスマート社会への期待

ディジタル・トランスフォーメーションによって超スマート社会を加速的に実現しようとする政策が多くの国で進められている。わが国の内閣府による第5期科学技術基本計画は，超スマート社会という標語により，AIを利活用したディジタル・トランスフォーメーションにより超スマート社会を作り出そうとしている。「情報社会」をディジタル・トランスフォーメーションによって大きくバージョンアップして超スマート社会を創出しようというわけである（内閣府資料）。

超スマート社会では，ネットワークやIoT（Internet of Things：モノのインターネット，すべてのモノがすべてにつながる）を社会に全面展開して，IoTとロボットと人工知能をそのインフラとして利活用し，ものづくりを超えて，経済成長や健康長寿の形成，さらには社会変革をもたらすことを目指している。

これには，超スマート社会の実現によりわが国が直面する危機をAI等の先端技術によって解決しようという狙いがある。バブル経済の崩壊後に訪れた「失われた10年」やそれに続く停滞の中，人口減と少子高齢化が進み，先進国の中でも生産性は低迷し，長時間労働の是正が急務となっているからである。このような状況を打破するために，AIやロボットを利活用して，生産性を向

上させ，最新技術を前提に社会を組み替えることを目指している。

2　企業とディジタル・トランスフォーメーション

　経営情報の視点に立つと，ディジタル・トランスフォーメーションは，ICT を駆使してビッグデータ解析を利活用して，より詳細で正確な一般ユーザーのニーズや動向を知ることにより，既存ビジネスの枠組みから新たな価値を創造する変革としてみることができる。すなわち，ディジタル・トランスフォーメーションは，ビジネスの局面において「モノの販売」から「顧客とのつながりを前提としたコトの経験」への移行，「結果の販売」から「顧客との価値共創のプロセス」への移行を，強力かつスムーズに進める基盤となるのである。

　このような「モノの販売からコトの経験」への移行，すなわち**サービタイゼーション**（第8章参照）の本質は，「使用に対する支払い（Pay per Use）」から「価値に対する支払い（Pay per Value）」への移行にある。たとえば，従来は，タクシーやレストランにみられるように，まず財やサービスを体験し，事後的に支払うのが普通であった。ところが，Uber や音楽定額制配信サービスに典型的にみられるように，事前の約束（subscription）と事後的な配分が一般化しつつある。まず顧客とつながりこれを継続するという，「顧客から学ぶためにつながり続ける」「つながりを失うリスクをあえてとる」ビジネスモデルが急速に浸透しているのである。モノ・サービスの「売り切り」でない，顧客とのつながりとそれに基づく顧客ごとに最適なパーソナリゼーションが，

表 9-1　コスト価値

ビジネスモデル	顧客にとっての価値	例
● 無料 ● 超低価格	● 徹底的なコスト排除 ● ロイヤリティや貢献に対して価値を与える	Dropbox, Skype, Amazon, cookpad
● 価格の透明性	● 価格の比較によりより多くの提供者から選べる ● 比較購入	価格.com
● 定額／サブスクリプション	● 固定コストで無限の使用 ● 低リスク	Spotify

（出所）　根来（2019）により作成。

「価値に対する支払い（Pay per Value）」を支えるのである。

　サービタイゼーションが生み出す価値として，コスト価値，体験価値，ネットワーク価値の 3 類型が指摘されている（根来，2019）。コスト価値は，低価格あるいは付加的経済的便益による価値である。その典型的で具体的な内容と例を表 9-1 に示した。

　体験価値は，すぐれた体験から得られる価値である（表 9-2）。さらに，ネットワーク価値は，ネットワーク効果から得られる価値である（表 9-3）。

　このような価値の創出には，一般にひとつの企業のみでは困難であり，従来の業種を横断し，モノとサービスを融合させ，各顧客への価値を最適に提供するために多様なステークホルダーと連携したネットワークが不可欠である。このようなネットワークを価値共創エコシステムと呼ぶ（Lusch and Vargo, 2014）（第 8 章第 2 節参照）。価値共創エコシステムは，時間の流れの中で動的に社

表9-2 体験価値

ビジネスモデル	顧客にとっての価値	例
● カスタマー・エンパワーメント（中間業者の排除，DIY）	● 顧客の自律性，コントロール力，利便性の向上	PayPal, Netflix
● カスタマイズ：サービス体験をパーソナライズする	● パーソナライズされた感動のストーリー	ZOZOSUIT
● 即時的な満足感 ● 時間節約 ● ワンストップ ● オールインワン	● 欲しいときにすぐ入手	Amazon Prime Now, UberEats

（出所）　根来（2019）により作成。

表9-3 ネットワーク価値

ビジネスモデル	顧客にとっての価値	例
● ディジタル・マーケット・プレイス，EC（電子商取引）	● ほとんどのものが入手可能 ● 不活用資源の有効利用	Amazon, Rakuten, Akkipa
● エコシステムの提供（標準化された道具や基盤を提供して他プレイヤーが価値を創出できるように支援）	● 他プレイヤーがエコシステムを通してサービスを収益化する機会を提供	Apple iOS, Google Android, GrabCAD
● コミュニティーの提供（情報のインフォーマルな拡散）	● コミュニケーションや配信，実行の最適化	Twitter, Facebook, cookpad

（出所）　根来（2019）により作成。

会の価値観，個人の信念，企業のガバナンスなどとともに進化して生存可能性（viability），持続可能性（sustainability）を備えることが求められる。

3 プラットフォーム・ビジネス

プラットフォーム・
ビジネスの構造

ネットワーク価値を生み出す典型的な例が，**プラットフォーム・ビジネス**である（根来，2019）。プラットフォーム・ビジネスは，Amazon，Rakuten などの EC（電子商取引）をはじめとする，現在最強のビジネスモデルのひとつで，2 階層サービスシステムの構造をもつ（**図9-2**）。

この 2 階層サービスシステムの上位階層は，顧客とプロバイダーが相互作用を行う価値共創プロセスであり（第8章参照），その下位階層は，この価値共創プロセスを支援・仲介するプラットフォーム（土台・基盤）である。このプラットフォームは，できるだけ多くの顧客と提供者（プロバイダー）を呼び込み・参加させ，両者の価値共創のプロセスを促進し，それにより利益を得るビジネスモデルを展開する。

このような 2 階層サービスシステムの本質は，プラットフォームのオーナー（プラットフォーマー）は，基本的に自らは財を保有せず，顧客とプロバイダーの価値共創プロセスの支援・促進が最大の関心事であるという点である。その意味で，クレジットカードやショッピングモールも同様の構造をもつ（**表9-4**）。配布するアプリを物理的に，あるいは法的に「所有」していない

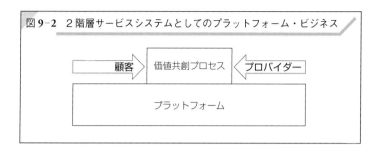

図9-2　2階層サービスシステムとしてのプラットフォーム・ビジネス

顧客　→　価値共創プロセス　←　プロバイダー

プラットフォーム

表9-4　プラットフォーム・ビジネスの例

ビジネス	プラットフォームの例	顧客	プロバイダー (提供者)
EC（電子商取引）	Amazon・eBay・楽天	買い手	売り手
Google	YouTube	YouTuber	広告主
クレジットカード	VISA	利用客	ホテル等のサービス提供者
スマートフォンの アプリ	App Store	利用者	開発者
ショッピング	ショッピングモール	買い手	テナント

Apple App Store の強みも，このプラットフォームとしての支援仲介機能にある。

巻き込み戦略と両側
ネットワーク外部性

プラットフォーム・ビジネスを円滑に進めるためにプラットフォーマーの最も重要な戦略のひとつは，巻き込み戦略 (involvement strategy) である (Kijima, 2015)。これは，いかにして多くの適切な顧客とプロバイダーをプラットフォームに巻き込み参加させ，顧客とプロバイダー間のインタラクションを活性化するかに関わる戦略で，プラットフォームが利益を最大化するた

めには，この「巻き込み戦略」はきわめて重要である。

　プラットフォーム・ビジネスの巻き込み戦略ひいてはそのビジネスモデルそのもの考えるうえでカギになるのが，**両側ネットワーク外部性**（two-sided network externality）の概念である。これを説明する前に，その基礎となるネットワーク外部性（network externality）について説明する。

　ネットワーク外部性とは，同じ財・サービスを利用する個人の数が増えれば増えるほど，その財・サービスから得られる便益が増加する現象を意味する。すなわち，ネットワーク外部性が存在する財・サービスには，利用者の増加がさらなる利用者の増加を促す「正のフィードバック・ループ」が発生するのである（図9-3）。ここで，便益を生み出しているのが財・サービスそのものの性能ではなく，利用者，しかも特定の利用者個人ではなく，利用者全体の数であるという点に注意すべきである。

　ネットワーク外部性のよく知られた例として，電話などの通信ネットワークの普及のプロセスがある。電話の利用者が1人のときはその便益はゼロである。他に電話を使う人がいなければ電話網に加入していてもメリットはないからである。しかし加入者が増えてくると，加入者間で通信ができるというメリットがあるので，新たな加入者はこの便益を電話網加入に伴う費用と比較して，実際に加入するかどうかを決定することになる。加入者・利用者が増えれば増えるほど，交信できる人が増えていくので電話網加入の便益は高くなり，新たな加入者を引きつけることになる。ここでは電話機そのものの性能というより，加入者・利用者の数が便益を決定するのである。現在のZoomやTeamsの普及もこのネットワーク外部性で説明できる。

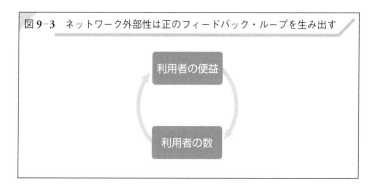

図9-3 ネットワーク外部性は正のフィードバック・ループを生み出す

利用者の便益

利用者の数

　プラットフォーマーの巻き込み戦略を検討するカギとなるのが，ネットワーク外部性を拡張した両側ネットワーク外部性の考え方である。プラットフォーム・ビジネスでは，顧客の便益は，そのプラットフォームに参加しているプロバイダーの数が多ければ多いほど高まる。一方，プロバイダーの便益は，そのプラットフォームを利用する顧客の数が多ければ多いほど増加する。すなわち，顧客の数がプロバイダーの便益を増加させ，プロバイダーの便益が高まればプロバイダーの数が増加し顧客の便益が高まるのである（図9-4）。これは，たとえば，ショッピングモールにおける，顧客とテナントの関係を考えればわかりやすい。表9-4に示したように，ECとショッピングモールは同型な構造をもつプラットフォーム・ビジネスである。[*]

　このように顧客の便益がプロバイダーの数によって定まり，プロバイダーの便益が顧客の数によって定まるとき，これを両側

---

[*]　同　型　このように，2つのシステムがある側面からみて同じ構造やプロセスをもつとき，それらは同型（isomorphic）であるという。同型性の認識はアナロジーなどシステム思考のひとつの大きな特徴である。

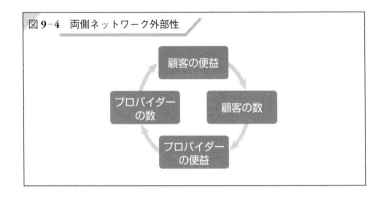

図 9-4　両側ネットワーク外部性

- 顧客の便益
- 顧客の数
- プロバイダーの便益
- プロバイダーの数

ネットワーク外部性という。一方の便益が他方の数によって決められ，その構造が対称的になっているわけである。

　両側ネットワーク外部性により，プラットフォーマーにとって，より多くのプロバイダーを巻き込むためにはより多くの顧客が必要だが，より多くの顧客を参加させるためにはより多くのプロバイダーが必要であるという，いわば「鶏と卵の問題」に直面することになる。

　この鶏と卵の問題を解決するひとつの策としてしばしばとられるのが，原価割れ戦略と呼ばれる価格戦略である。これは，まず一方の側，たとえば，顧客の参加料をほぼ無料にして大量の顧客を確保することにより，このプラットフォームをプロバイダーにとって魅力的なものとしてプロバイダーを巻き込み，その後，十分な顧客を確保した後に顧客の参加料を有料とする戦略である。この原価割れ戦略は，たとえば，音楽のサブスクリプション・ビジネスをはじめとして，プラットフォーム・ビジネスを新たに開始する際にしばしばみられる典型的な巻き込み戦略である。

4 シェアリング・エコノミーの勃興

　プラットフォーム・ビジネスのひとつの進展として**シェアリング・エコノミー**と呼ばれる新たな経済が勃興しつつある。シェアリング・エコノミーとは，「一般の消費者」がモノや場所，スキルなどを「必要な人」に提供したり，共有したりする新しい経済，あるいはそうした形態のサービスを意味する。ここで，「一般の消費者」が「必要な人」にサービスを提供する点に注目すべきである。

　シェアリング・エコノミーは，2010 年前後に，アメリカ西海岸のシリコンバレーで始まった。空き部屋の持ち主と宿泊したい人をつなぐ民泊仲介サービスとして 2008 年にサービスを開始した Airbnb（エアビーアンドビー），移動したい利用者と自家用車のドライバーをマッチングさせる配車サービスとして 2010 年にサービスを開始した Uber（ウーバー）が，その代表的例として知られている。

　シェアリング・エコノミーは，①サイド間の直接的相互作用を基本として，②プラットフォーマーが両サイドのエンパワーメントにとくに注力しているプラットフォーム・エコノミーとしてとらえることができる。

　すなわち，顧客とプロバイダーの両サイドは，インターネットやアプリを利活用して相互作用の重要項目，たとえば，価格，サービスの性質や品質などを，プラットフォーマーを介さずに直接的に行う。そして，プラットフォーマーにとって最も重要な活動は，この直接的相互作用を円滑に進めるために，両側に信頼性，

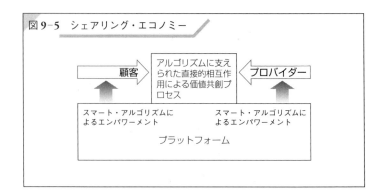

図9-5　シェアリング・エコノミー

顧客 → アルゴリズムに支えられた直接的相互作用による価値共創プロセス ← プロバイダー

スマート・アルゴリズムによるエンパワーメント　　スマート・アルゴリズムによるエンパワーメント

プラットフォーム

信用性（安心感）を与えるためにエンパワーメントを行うことである。直接的相互作用もエンパワーメントも「スマート・アルゴリズム（smart algorithm）[*]」によって実現されている点がポイントである（図9-5）。

　両側のエンパワーメントは，事前審査やスコアリングにより，顧客およびプロバイダーの能力の事前品質保証と，品質が悪い場合の事後被害の大きさから信頼性を算出し，その確保を行う。また，信用の事前確認により，顧客とプロバイダーが相互に相手の悪意にだまされる可能性とだまされた場合の損害の大きさから，信用性の確保を行う。たとえば，Airbnb ではホストに安心感を与えるために，ゲストはパスポート写真，facebook のアカウント，電話番号等で身分を保証し，ホストは宿泊を拒否できる仕組みがつくられている。また，ゲストに安心感を与えるために，ホストは施設の写真等を公開し，ゲストは，ホストの評価を行う。さら

[*]
　スマート・アルゴリズム　　ビッグデータ解析などを利活用した生のデータから価値ある洞察，提案，行動指針等を生成する文字どおり賢いアルゴリズムのこと。

表 9-5　新たな経済は多様な表現で語られる

社会的側面	ビジネス的側面
● シェアリング・エコノミー ● コラボレイティブ・エコノミー	● オンデマンド・エコノミー ● プラットフォーム・エコノミー

に，ホストが宿泊料を設定するが，プラットフォーマーはその価格設定の指針を提供することでホストのエンパワーメントを行っている。

　プラットフォーム・エコノミーの一種であるシェアリング・エコノミーは，またさまざまな表現で語られている（表9-5）。ヨーロッパとくに北欧ではコラボレイティブ・エコノミー（協働経済）と呼ぶことも多い。

　また，シェアリング・エコノミーの「需要が発生したそのときに，必要な分だけ商品やサービスを提供する」という側面に注目する場合，オンデマンド・エコノミーとも呼ばれる。オンデマンドは「要望に応じて」という意味で，先に述べた4つの力の結節により，個々の消費者のニーズが生まれたときに対応することが可能になったサービスである。Netflix や Amazon Prime，Apple Music などといった動画や音楽の配信サービスは広く普及しているオンデマンド・サービスである。

5 スマート・アルゴリズムがもたらす世界

スマート・アルゴリ
ズムがもたらす世界 プラットフォーム・ビジネスにおいて，
プラットフォーマーは基本的に何も財を
保有しない反面，スマート・アルゴリズ
ムを開発・運用することが，そのビジネスの強みの源泉となっ
ている。たとえば，EC（電子商取引）においては，顧客の膨大な
データ（ビッグデータ）を解析・利用するスマート・アルゴリズ
ムにより，顧客ごとにリコメンデーション（推奨）を細かく仕掛
けることが可能である。また，移動手段をシェアするサービスに
おいては，スマート・アルゴリズムを用いて，顧客の要求に対し
て最適な車を判断し，その利用料金を的確に瞬時に算出する。

このことは，逆に，ユニークなスマート・アルゴリズムを開発
できるスマートな人間であれば，大きな資本を調達せずに起業し
てプラットフォーム・ビジネスにおいて成功できる可能性を示唆
している。その際に重要となるのは，アイディア，先行性，プロ
モーション技術，ブランドなどである。実際，シェアリング・エ
コノミーをはじめほとんどのプラットフォーム・ビジネスは，そ
のような天才が起業し成功していることはよく知られている。

DX が推し進める典型的なビジネスであるプラットフォーム・
エコノミーの世界は，クラウドをはじめとする4つの力の結節に
基づいたツールとフレームワークが経済や社会生活の骨組みとな
りチャネルとなる世界である（**図9-6**）。そこでDX の基礎とな
るのは，スマート・アルゴリズムと AI がもたらす**アルゴリズム
革命**である。

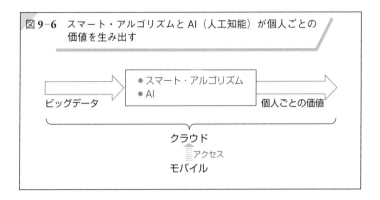

図9-6　スマート・アルゴリズムとAI（人工知能）が個人ごとの
　　　　価値を生み出す

ビッグデータ

● スマート・アルゴリズム
● AI

個人ごとの価値

クラウド

アクセス

モバイル

　消費，レジャーからサービス，製造業までのさまざまな活動が
スマート・アルゴリズムで実現される。そのスマート・アルゴリ
ズムはまさにクラウドに「住んで」，クラウドはインフラ，市場，
あるいはエコシステムとしてディジタル・プラットフォームの基
盤を形成している。

DXが社会に与える
インパクトと課題

　　　　　　　　　　プラットフォーム・ビジネスは，市場，
　　　　　　　　　　仕事の手配，現代経済の価値創造に関わ
　　　　　　　　　　る深い経済的再編を誘発する。一方で，
既存産業と類似のサービスを，削減された取引コストで代替す
る傾向があるので，たとえば従来の百貨店とEC，あるいはタク
シー業界とUberなどにみるように，既存産業と衝突する可能性
が増加する。

　DXがもたらす世界では，ウィナー・テイクス・オール
（Winner takes all：勝者総取り）が顕著となっている。その代表的
な事例として知られているのはGAFAであろう。今現在，それ
ぞれのマーケットにおいて，GAFAは高いシェアと売上，そし
て膨大なビッグデータを収集・獲得している。そして，スマー

ト・アルゴリズムを駆使しながらさらに新しいソリューションを顧客に提供して，ますますシェアを伸ばし不動の地位を確立するという正のフィードバック・ループが駆動して，勝者総取りが現実のものとなっている。勝者がヒト・モノ・カネ・情報（ビッグデータ）を独占し，敗者は何も得ることができない。消費者の「より便利に生活したい」「より面白い体験をしたい」という欲求に対し，GAFA などの勝者は，スマート・アルゴリズムを進化・発展させてそれに応え続け，圧倒的な富や地位を獲得してきている。勝者は大きな利益を得て，その他大勢は敗者となりわずかなリターンしか得られない。今後ますます力の結節が進むとき，それに伴い，ウィナー・テイクス・オールはさらに顕著になっていくであろう。

　超スマート社会はシンギュラリティの問題に直面するかもしれない。シンギュラリティとは，AI が人類の知能を超える技術的特異点（転換点）や，AI がもたらす世界の変化を示す概念である。「10 ～ 20 年後，国内の労働人口の約 49% が人工知能やロボットで代替可能になる」という報告（野村総研）により，雇用が一気に消失するのではないかとの危機感が生まれ，シンギュラリティに注目が集まった。シンギュラリティの影響を受けると，ビジネスの世界から身近な生活にまで AI の利活用が進むことで，一部の仕事・職業が人工知能に置き換わることが予想され，たとえば，AI による自動運転技術がタクシードライバーやトラックドライバーに取って代わる可能性が指摘されている。このような状況では，従来雇用されていた人間が不要となり，コスト面がクリアできれば，人間の仕事は人工知能に明け渡されてしまうといった可能性も出てくる。とくに，定型業務や単純労働といった部類の仕

事は，AIの代替が早く進むと予想されている。

このような「AIのもたらす脅威」に立ち向かうには，人類が常に新しい価値観を進化させ提供できるように，常にアップデートしていく努力を重ねるといった高い意識をもち，スマートアルゴリズムの上位レベルに人間が位置しなければならない。

さらに，DXに支えられ膨大で詳細な情報を生み出される超スマート社会においては，情報の安全な取り扱いを確保するためのサイバーセキュリティとプライバシーの問題は重要である。ここで，プライバシーは，「私生活をみだりに公開されない法的保証ないし権利」と定義づけられる（日本の1960年代の裁判の判例）。インターネットを利用するのが一般的になった現代，インターネット・サービス・プロバイダーには検索履歴などの個人情報が蓄積され，このような情報は広告宣伝にとって大変有用なのは明らかで，こうした価値のある個人情報はさらに大きな拡散のリスクをはらんでいる。個人情報をマーケティングなどに積極的に利用し顧客により良いサービスを提供しようという利活用の観点と，個人のプライバシーを保護しなければならないという観点はしばしば対立する。したがって，超スマート社会においては，この2つの立場をどのようにバランスさせるかという視点がとくに大切になる。

地域，年齢，性別，言語等による格差がなくなり，個々の多様なニーズに対してきめ細かな対応が可能な，多様性（ダイバーシティ，バラエティと同様日本語では多様性と訳される）と包摂性（インクルージョン）のある社会さらには企業の実現は，国際目標SDGs（持続可能な開発目標）となっている。

インクルージョンの状態とは，外国人を含めてさまざまな人々が，多数派・少数派の区別なく互いの存在・価値を認知して，互いの権利や利益を尊重し合い，多様性を確保しながら多様な人材がそれぞれの能力を活かし活躍して助け合っている状態である。

情報技術の進展は，2つのレベルのインクルージョンの促進に貢献することが求められており，経営情報学は，この面で理論的・実践的な貢献が期待されている。すなわち，必要性が高まっている「ディジタル面のインクルージョン（Inclusion of Digital）」と可能性が高まっている「ディジタル化によるインクルージョン（Inclusion by Digital）」である。

前者では，社会的な生存に必要最低限のデジタル活用能力，いわば機器操作系，情報活用系，ルール系（ネット社会上の倫理やセキュリティの面）等のICTリテラシーの獲得が求められる。ICTリテラシーが獲得されると，インクルージョン対象者の他者依存を減らした自律的生活が可能になり，社会的つながりを得やすくなるメリットがある。

一方，後者では，ディジタル技術の「エンパワーメントの力」「つなげる力」「コストを下げる力」を利活用した少数派や社会的弱者になりがちな人々のエンパワーメントを行うものである。具体的には，AI通訳や視線センサー分析等のディジタル技術を利活用することで，インクルージョン対象者の認知能

力や意思伝達能力を高める「エンパワーメントの力」をもつも
のや，コミュニケーションを円滑にする「つなげる力」を発揮
するものが想定される。

 文献案内 REFERENCE

根来龍之 (2017)，『プラットフォームの教科書：超速成長ネット
ワーク効果の基本と応用』日経 BP 社。

　　実際のプラットフォーム・ビジネス，ディジタル・エコノミーの
理論と仕組みを歯切れよく説明している。

根来龍之 (2019)，『集中講義デジタル戦略：テクノロジーバトル
のフレームワーク』日経 BP 社。

　　市場の境界，業界のルールを破壊する大乱戦を理解するための
チェックリストを与え，DX 時代の経営を生々しく記述している。

終章 | 総括と将来展望

● 本章のポイント ●

　本章では，本書の総括として，これまで述べてきた各章を振り返り，これらの位置づけを行う。「経営と情報の関わり」と「トピック」の2つの軸により全体を位置づけるとともに，本書の内容を，経営情報学の動態としての観点から，トランスレーショナル・アプローチと呼ばれるプロセスを用いて整理する。さらに，経営情報学の今後の課題を，「ICTの急速な進展を根底に置きながら，情報あるいは情報技術と経営の相互作用によって新たに多様な価値が創出されるメカニズムとプロセスをさまざまな側面から光を当て解明すること」とし，その記述論的，規範論的考察に当たり有用と考える2つの考え方を示す。

経営情報学　　価値創造　　トランスレーショナル・アプローチ
技術と社会の共進化　　ハイプ・サイクル　　トランジション・
マネジメントモデル

KEYWORDS

1 総　括

本書の各章の位置づけ　本書は，企業をはじめとするさまざまな組織の経営と情報の関わりについて，とくに ICT の急速な発展が経営や社会に与えるインパクトに焦点を当てながらも，激しく移り変わる経営状況に幻惑されることなく，首尾一貫した統一的視点から**経営情報学**をすっきり理解できる教科書として編纂された。

　具体的には，まず組織の経営と情報の関わりを，情報を利活用して効率的・効果的な経営を行う「情報で経営する」視点と，情報を経営して知識や価値を創出しようとする「情報を経営する」視点に整理した（図 10-1）。

　さらに，本書では，経営活動にまつわるさまざまなトピックを網羅的に取り扱うというより，①経営活動の舞台となる組織，②経営活動の核である意思決定，③経営活動を支えるコミュニケーション，④経営活動の変革を具体化する技術，に絞り検討した（図 10-2）。この 4 つのトピックが，経営と情報の関わりを検討する際の基底になると考えるからである。序章で述べた本書全体の基本的な参照モデルである，組織の目標追求システムモデル（序章図 0-4 参照）は，この 4 つを構成要素として表現している。

　本書の本論は 2 部構成をとっている。第 I 部「経営情報学の理論とモデル」では，組織，意思決定，コミュニケーション，技術という基本となる 4 つのトピックについて，経営に情報をいかに利活用するか，いわば「情報で経営する」という共通の切り口から，経営情報学で従来から展開されてきた標準的な理論・モデル

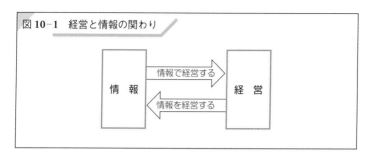

図 10-1　経営と情報の関わり

情報

情報で経営する →

← 情報を経営する

経営

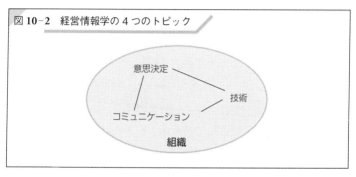

図 10-2　経営情報学の 4 つのトピック

意思決定

技術

コミュニケーション

組織

を説明した。まず，第 1 章「組織のシステムモデル」では，組織を情報処理システムとしてとらえるモデルを提示し，経営における情報のとらえ方を説明した。第 2 章「経営情報と組織」では，これまで組織の情報処理の実践を説明するとされてきた基礎理論をもとに，主として経営組織論や経営戦略論から理論やモデルを解説した。第 3 章「経営情報と組織の意思決定」と第 4 章「経営情報と組織のコミュニケーション」では，それぞれ組織の情報処理の根幹となる意思決定とコミュニケーションについて理論やモデルを説明した。そして，第 5 章「経営情報と技術」では，広い意味での技術について検討し，情報技術をとらえ直す手がかりを探した。

続く第Ⅱ部「ICT が駆動する経営」では，4 つのトピックについて，現在進行しているビビッドな経営情報の現実に着目し，情報はもはや経営の手段にとどまらず，経営の対象になっているという「情報を経営する」という視点から分析した。第 6 章「ICTと問題解決」で現実世界に介入し問題解決を行う方法について検討した。第 7 章「ICT と組織変革」では，ICT による組織の変革をネットワークというシステムに焦点を当て，組織そのものと組織メンバーに着目して変革する現象を議論した。第 8 章「ICTと価値創造」では，価値創造のメカニズムとプロセスに焦点を当てるサービス・サイエンスの基礎を紹介し，情報技術によりさまざまな価値を生み出すプロセスを解析した。第 9 章「超スマート社会と情報経営」では，現在の最強のビジネスモデルのひとつであるプラットフォーム・ビジネスやシェアリング・エコノミーについて，システム的な視点からそのマネジメントを検討した。

　以上述べた「経営と情報の関わり」と，経営情報学が議論すべき「トピック」の 2 軸によって本書の各章を位置づけると**表 10-1** のようになる。

本書の基本的スタンス　経営情報学の 4 つの重要なトピックを扱う際に，具体的に言及すべきテーマは情報，知識，情報システム，問題解決，戦略，イノベーション，価値創造など多岐にわたる。そのため，本書では，学際的で領域横断的な視点を強調した。経営組織論，経営戦略論，意思決定理論，システム工学などいわゆる「文系」「理系」という枠を超え，関連する多様な学問分野の知見を総動員して融合させながら接近する学際的で領域横断的なアプローチを採用した。

　それにより，最近のインターネットをはじめとする ICT や

表 10-1　「経営と情報の関わり」と「トピック」による各章の位置づけ

		第Ⅰ部	第Ⅱ部
経営と情報の関わり		「情報で経営する」 (経営における情報の利活用に関するモデル・理論の説明)	「情報を経営する」 (情報を経営するメカニズム・プロセスの理解)
トピック			
組　織		第1章, 第2章	第7章
意思決定		第3章	第6章
コミュニケーション		第4章	第7章
技　術		第5章	第8章, 第9章

ディジタル技術の情報技術的側面のみならず，それがもたらす社会状況の急激な変化，ICT が企業組織・社会全体に与えるインパクトや，ICT が新たな価値を生み出す社会的・経済的・文化的イノベーションへの考察を可能とした。

　さらに，本書では一貫して「システム的なものの見方（システム思考）」を採用した。すなわち，組織は広い意味での情報処理システムであり，目標達成に向けて，人と情報技術の情報処理機能を相互作用させながら，意思決定・問題解決を行うものとしてとらえた。そして，考察対象を，互いに相互作用している複数の要素の集まりであるシステムとしてとらえ，とくに要素間の相互作用に注目するとともに，その相互作用が創出する新たな性質である創発特性の解明に焦点を当てて議論を進めた。

2 動態としての経営情報学

課題駆動型の学問領域である経営情報学
は，①さまざまな領域の知見を援用して
現実にみられる現象を記述・分析する理

トランスレーショナル・
アプローチ

論・モデルを開発する，②現実世界の現象を理論・モデルを用い
て説明し理解する，③実践的知見を応用して既存の理論やモデル
を再構築して進化させる，という動的（ダイナミック）な発展方
向をもっている。

これを実現するためには，理論やモデルから得られた知見で現
象を説明するとともに現象から得られた知見を理解し，さらに，
そこから理論やモデルを形成，再形成していく循環的プロセス
が必要である。この循環的プロセスを表現した考え方に，**トラン
スレーショナル・アプローチ**（translational approach）がある（図
10-3）。

トランスレーショナル・アプローチという発想は，もともと医
学分野で，基礎研究（Bench）と臨床研究（Bed）とを相互作用さ
せ，レベルアップを図ろうとする循環的な研究態度として提唱さ
れた。基礎研究での知見を臨床レベルでより早くより効果的に実
践し，高品質な「健康」を実現する（Bench to Bed）のと同時に，
臨床現場で得られた知見を基礎レベルへフィードバックし（Bed
to Bench），そこでの知識を学習・進化・発展させるというルー
プを循環的に繰り返すことで，学術的知見をより累積しようとい
う発想である。

本書では，この考え方を経営情報学の発展動態モデルとして

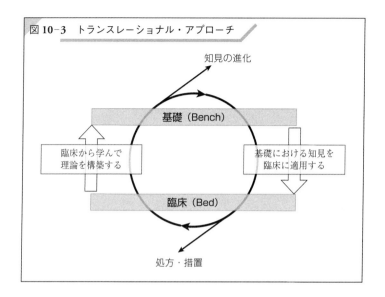

図 10-3　トランスレーショナル・アプローチ

知見の進化

基礎（Bench）

臨床から学んで
理論を構築する

基礎における知見を
臨床に適用する

臨床（Bed）

処方・措置

参照して，経営情報学は，「経営」という視点から，企業をはじめとして地方自治体，NPO，政府などのさまざまな組織を対象に，①それを取り囲む環境の中で遂行される広い意味での情報処理活動を記述・分析し，関連する諸領域の知見も援用しながら理論化・モデル化するとともに，②そのような理論やモデルによって現実の事象を読み解き説明し，③そこから得た実践的知見を理解することから理論やモデルの再設計・再構築を試みる学問領域ととらえた。

　具体的には，教科書として，第Ⅰ部では，これまで学術的に関連する諸領域から蓄積されてきた標準的な理論・モデルを4つのトピックに焦点を当て説明した。一方，第Ⅱ部では，それらの理論・モデルを適用して現実を理解した（図10-4）。

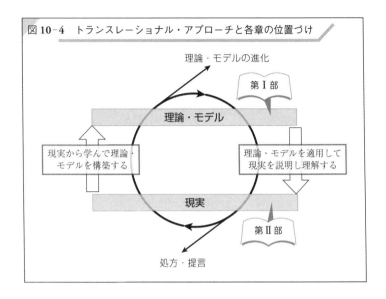

図 10-4　トランスレーショナル・アプローチと各章の位置づけ

理論・モデルの進化

第Ⅰ部

理論・モデル

現実から学んで理論・モデルを構築する

理論・モデルを適用して現実を説明し理解する

現実

第Ⅱ部

処方・提言

3　経営情報学の今後の課題

情報と経営の相互作用による新しい多様な価値の創出の解明

わが国の経営情報学の研究者に対して実施されたあるアンケート調査によれば、今後の経営情報学で注目すべきテーマとして、ICT とヒトの融合（人工知能と人間の将来、AI の利活用と仕事との共存など）、ビッグデータや先進的 ICT 技術の経営への応用、IoT を利活用した新規ビジネスモデル、情報活用する人材開発などが指摘されている。

　このことからも示唆されるように、経営情報学の今後の課題は、ICT の急速な進展を根底に置きながら、情報あるいは情報技術と経営の相互作用によって、新しい多様な価値創出のメカニズム

とプロセスをさまざまな側面から光を当て解明すること，と整理することができよう。そして，そのようなメカニズムとプロセスを扱う際には，その対象も，企業組織にとどまらず，地方自治体やNPO，さらには社会をも含む多様な土俵を射程に入れることが望まれる。また，価値も経済的な価値にとどまらず，社会的，文化的，さらには情緒的価値をも検討すべきであろう。

記述論としての
経営情報学

昨今のICTの急速な進展を根底に置きながら，情報と経営の相互作用によって新たな価値が創造されるメカニズムとプロセスの諸側面を検討する際，そのメカニズムとプロセスを記述し，これを説明する理論・モデルを開発することは，今後の経営情報学の主たる課題である。

　そのときに有用な視点を与えるのが，**技術と社会の共進化**（co-evolution）の議論である。共進化とは，もともと生物学の概念であり，「2種の生物間で，両者が互いに利用し合う，あるいは一方が他方を搾取するなどの相互作用のある状況下で，両者間の相互関係が互いの進化に影響を与え合う」現象を意味する。この共進化の例として，生物学における植物の花とミツバチが相互に受粉しやすく，触媒しやすくともに進化していったという有名な仮説が知られている。

　技術と社会の関係でいうならば，たとえば，シリコンバレーでのハイテク産業と大学などの教育研究機関は，競合・協調関係という相互作用により，新たな技術に関わる知が生まれ，それにより知識創造社会の進化に格段の拍車がかかったといわれている。

　ICTを根底とした情報と経営の相互作用が，社会と技術をどのように共進化させるかを検討する際に，有用な示唆を与えると

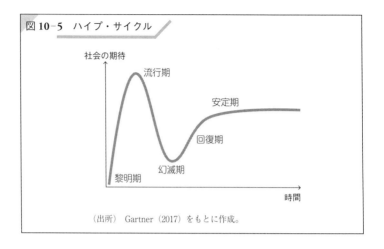

図 10-5　ハイプ・サイクル

社会の期待

流行期

安定期

回復期

幻滅期

黎明期

時間

（出所）　Gartner（2017）をもとに作成。

考えられるのが**ハイプ・サイクル**（hype cycle）である。ハイプ・サイクルは，技術の成熟度と産業社会への期待度には一種の普遍的パタンがみられることを主張し，新しい技術の登場によって産業社会に生じる興奮や誇張（hype），失望を説明する経験的なモデルである（Gartner, 2017）

　ハイプ・サイクルによれば，そのパタンは以下の5つの段階から成り立っているという。

　(1)　黎明期：新たな技術と産業社会の関わりの最初の段階であって，「技術の引き金」またはブレークスルー（飛躍的前進）と呼ばれ，ここでは，新製品発表やその他のイベントが報道され，関心が高まる。

　(2)　流行期：その技術への注目が大きくなり，ときには過度の興奮が高まり，あるいは非現実的な期待が生じることもある。成功事例が出ることもあるが，多くは失敗に終わる。

　(3)　幻滅期：技術が過度な期待に応えられず，急速に関心を失

う。社会全体が，その技術や話題について言及することも少なくなり，次第に忘れ去られる。

(4) 回復期：社会全体としてはその技術への関心が失われる一方，その技術に関連するいくつかのプロジェクトは少数の企業等で継続され，その利点と意義が局所的にせよ理解されるようになる。

(5) 安定期：最終段階では，その技術が社会に宣伝され受け入れられるようになると，徐々に安定し，第2世代，第3世代へと進化する。

さらに，ハイプ・サイクルは，技術の与える効果は2段階で進展すると指摘している。新しい技術の第1段階の効果は，主として生産性や効率性の向上といった予測可能な技術的効果である。第1段階の効果が現れた後，第2段階の効果として社会システム上の変化が生じる（このことは第I部第4章でも言及した）。

この効果は，黎明期から流行期と，幻滅期から回復期を経て安定に至る段階とに，ある程度，対応させて考えることができる。技術発展の2段階理論は，後述するトランジション・マネジメントモデルとも整合していることに注目すべきである。

規範論としての
経営情報学

トランスレーショナル・アプローチの③実践的知見の理論・モデルとしての進化を推進するためには，情報あるいは情報技術と経営の相互作用によって新たに多様な価値が創出されるメカニズムとプロセスについて，規範論を展開し，さらにはその実現に向けた具体的な処方箋を提供することが求められる。

「……であるべきである」「……すべきである」ことを主張するためには，その前に組織なり意思決定主体の目的が不可欠であ

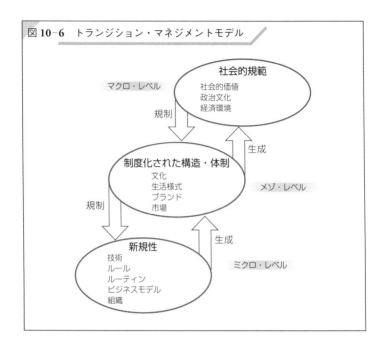

図10-6 トランジション・マネジメントモデル

社会的規範
社会的価値
政治文化
経済環境

マクロ・レベル

規制

生成

制度化された構造・体制
文化
生活様式
ブランド
市場

メゾ・レベル

規制

生成

新規性
技術
ルール
ルーティン
ビジネスモデル
組織

ミクロ・レベル

る。これまで多くの場合,「情報で経営する」視点でも,「情報を経営する」視点でも,程度の差こそあれ,効率性,有効性の実現を価値として想定して議論されてきたといえる。今後はそれにとどまらず,より上位の倫理性といった社会的価値や洗練性(第3章 *Column* ❸ 参照)に焦点を当てた規範的な論を展開することが望まれる。より具体的には,組織の経営を議論する際にも,社会の持続可能性やインクルージョン(第9章 *Column* ❾ 参照)にも配慮した視点が必要である。

これを社会的な価値・規範と技術や組織との共進化として考察する有効な枠組みに,トランジション・マネジメントモデルがある(図10-6)。これは,社会に3つの階層を認識し,この階層間

234

の相互作用に注目するモデルである（Loorbach, 2010；木嶋・岸編, 2019）。

まず，一番下の階層は，新しい技術，ルール，ルーティン，組織活動あるいはビジネスモデルが，イノベーション，新規性を創造し，それを検証・拡散する階層である。これは，最も具体的で個別的なレベルで，ミクロ・レベルと呼ばれる。

中間の階層は，文化，生活様式，ブランド，市場など，社会における制度化された構造・体制のレベルである。これらの構造・体制は一般に，ミクロ・レベルの社会システムに安定性を与えることにより，組織の意思決定と具体的な行動を規制するが，ときには，メゾ・レベルの社会的ニーズがミクロ・レベルでの新規性を誘発して新しい技術やビジネスモデルが創出される（**図10-6**の規制〔regulation〕の方向）。一方，長期的には，ミクロ・レベルでのイノベーションが，メゾ・レベルの体制に一種の揺らぎを与え，新しい文化や生活様式を生み出すのである（**図10-6**の生成〔generation〕の方向）。

最上位の階層は，社会的価値，政治文化，経済環境などで構成される社会的規範のレベルで，マクロ・レベルと呼ばれる。マクロ・レベルは，メゾ・レベルでの変化の方向を規定すると同時に，メゾ・レベルは，長期的にはマクロ・レベルでの変化を生成する。

このように技術と組織が社会の中に埋め込まれ，社会と切り離せないものとして把握され，それらが技術革新，イノベーションを通して相互作用し共進化することで，持続可能な社会を創造するという視点は，社会の主要な担い手である組織を対象とする経営情報学にきわめて重要である。先に述べた持続可能性やインクルージョンをマクロ・レベルの社会的規範と前提したとき，ミク

ロ・レベル，マクロ・レベルはどのようにあるべきか議論することは，今後の経営情報学の大きなテーマであろう。

文献案内 REFERENCE

木嶋恭一・岸眞理子編（2019），『経営情報学入門』放送大学教育振興会。

　　✎ 本書と同様な立ち位置から，経営情報学の幅広いトピックを取り上げて解説するとともに，経営情報学の今後の課題を検討している。

Loorbach, D.（2010），"Transition Management for Sustainable Development: A Prescriptive, Complexity-Based Governance Framework," *Governance*, 23（1）, pp. 161-183.

　　✎ 社会の持続可能な発展のための新しいガバナンスのアプローチとして，トランジション・マネジメントを提唱している先見的論文。ここで持続可能な発展とは，とくに西欧先進国社会が直面する継続的な問題の中でも，特定の種類のネットワークと意思決定プロセスを通じた，超長期（数十年以上）にわたる取組みによってのみ対処可能となるような問題に共通する概念である。

参考文献

●欧文文献●

Ackoff, R. L. (1967), "Management Misinformation Systems," *Management Science*, 11 (4), pp.147-156.

Ackoff, R. L. (1986), *Management in Small Doses*, John Wiley & Sons. (牧野昇監訳, 村越稔弘・妹尾堅一郎訳『創造する経営：企業を甦らせる 52 の妙薬』有斐閣, 1988 年。)

Anderson, V. and L. Johnson (1997), *Systems Thinking Basics: From Concepts to Causal Loops*, Pegasus Communications. (伊藤武志訳『システム・シンキング：問題解決と意思決定を図解で行う論理的思考技術』日本能率協会マネジメントセンター, 2001 年。)

Ansoff, H. l. (1965), *Corporate Strategy: An Analytic Approach to Business Policy for Growth and Expansion*, McGraw-Hill. (広田寿亮訳『企業戦略論』産業能率短期大学出版部, 1969 年。)

Ashby, W. R. (1958), "Requisite Variety and Its Implications for the Control of Complex Systems," *Cybernetica*, 1 (2), pp. 83-99.

Axelrod, R. (1997), *The Complexity of Cooperation: Agent-based Models of Competition and Collaboration*, Princeton University Press. (寺野隆雄監訳『対立と協調の科学：エージェント・ベース・モデルによる複雑系の解明』ダイヤモンド社, 2003 年。)

Barabási, A-L. (2002), *Linked: The New Science of Networks*, Perseus Publishing. (青木薫訳『新ネットワーク思考：世界のしくみを読み解く』NHK 出版, 2002 年。)

Barnard, C. I. (1938), *The Functions of the Executive*, Harvard University Press. (山本安次郎・田杉競・飯野春樹訳『経営者の役割』ダイヤモンド社, 1968 年。)

Barney, J. B. (2002), *Gaining and Sustaining Competitive Advantage*, 2nd ed., Prentice Hall International. (岡田正大訳『企

業戦略論：競争優位の構築と持続（上・中・下）』ダイヤモンド社，2003年。）

Beer, S. (1981), *Brain of the Firm: The Managerial Cybernetics of Organization*, 2nd ed., John Wiley & Sons.

Beer, S. (1985), *Diagnosing the System for Organizations*, John Wiley & Sons.

Benbasat, I. and G. DeSanctis (2001), "Communication Challenges: A Value Network Perspective," In G. W. Dickson and G. DeSanctis eds., *Information Technology and the Future Enterprise: New Models for Managers*, Prentice-Hall, pp. 144-162.（橋立克朗・小畑喜一・池田利明他訳『新リレーションとモデルのための IT 企業戦略とデジタル社会』ピアソン・エデュケーション，2002年，139-159頁。）

Bijker, W. E., T. P. Hughes, and T. Pinch eds. (1987), *The Social Construction of Technological Systems: New Directions in the Sociology and History of Technology*, MIT Press.

Bijker, W. E. and J. Law eds. (1992), *Shaping Technology/Building Society: Studies in Sociotechnical Change*, MIT Press.

Brown, T. (2009), *Change by Design: How Design Thinking Transforms Organizations and Inspires Innovation*, Harper Collins.（千葉敏生訳『デザイン思考が世界を変える：イノベーションを導く新しい考え方』ハヤカワ文庫，早川書房，2014年。）

Callon, M. (1986), "The Sociology of an Actornetwork: The Case of the Electric Vehicle," In M.Callon, J. Law and A. Rip eds., *Mapping the Dynamics of Science and Technology: Sociology of Science in the Real World*, Macmillan, pp. 19-34.

Carlson, J. R. and R. W. Zmud (1999), "Channel Expansion Theory and the Experiential Nature of Media Richness Perceptions," *Academy of Management Journal*, 42(2), pp. 153-170.

Chandler, A. D., Jr. (1962), *Strategy and Structure: Chapters in the History of the Industrial Enterprise*, MIT Press.（三菱経済研究所

訳『経営戦略と組織：米国企業の事業部制成立史』実業之日本社,
1967年。）

Checkland, P. (1981), *Systems Thinking, Systems Practice*, John
Wiley.（高原康彦・中野文平監訳『新しいシステムアプローチ』
オーム社, 1985年。）

Checkland, P. (1999), *Systems Thinking, Systems Practice: Includes
a 30-Year Retrospective*, John Wiley & Sons.（高原康彦・中野文
平・木嶋恭一・飯島淳一他訳『ソフトシステム方法論の思考と実
践：問題認識を共有し組織や仕組みの改善と発展に繋げる』パン
ローリング, 2020年。）

Chesbrough, H. W. (2003), *Open Innovation: The New Imperative
for Creating and Profiting from Technology*, Harvard Business
School Press.（長尾高弘訳『オープンイノベーション：組織を越え
たネットワークが成長を加速する』英治出版, 2008年。）

Child, J. (1972), "Organizational Structure, Environment and
Performance: The Role of Strategic Choice," *Sociology*, 6(1), pp. 1–
22.

Christensen, C. M. (1997), *The Innovator's Dilemma: When New
Technologies Cause Great Firms to Fail*, Harvard Business School
Press.（玉田俊平太監修・伊豆原弓訳『イノベーションのジレンマ：
技術革新が巨大企業を滅ぼすとき（増補改訂版）』翔泳社, 2001年。）

Daft, R. L. (1998), *Organization Theory and Design*, 6th ed.,
South-Western.

Daft, R. L. and R. H. Lengel (1984), "Information Richness: A New
Approach to Managerial Behavior and Organization Design,"
Research in Organizational Behavior, 6, pp. 191–233.

Daft, R. L. and R. H. Lengel (1986), "Organizational Information
Requirements, Media Richness and Structural Design,"
Management Science, 32(5), pp. 554–571.

Davenport, T. H. (1993), *Process Innovation: Reengineering Work
through Information Technology*, Harvard Business School Press.

（卜部正夫・伊東俊彦・杉野周他訳『プロセス・イノベーション：
情報技術と組織変革によるリエンジニアリング実践』日経 BP 出版
センター，1994 年。）

Dearden, J. (1972), "MIS is Mirage," *Harvard Business Review*, 50
(1), pp. 90-99.

DeSanctis, G. and R. B. Gallupe (1987), "A Foundation for the Study
of Group Decision Support Systems," *Management Science*, 33 (5),
pp. 589-609.

Dickson, G. W. and G. DeSanctis (2000), *Information Technology and
the Future Enterprise: New Models for Managers*, Prentice Hall.
（橋立克明・小畑喜一・池田利明他訳『新リレーションとモデルの
ための IT 企業戦略とデジタル社会』ピアソン・エデュケーション，
2002 年。）

Drucker, P. F. (1974), *Management: Tasks, Responsibilities,
Practices*, Harper & Row. （上田惇生編訳『マネジメント：基本と
原則（エッセンシャル版）』ダイヤモンド社，2001 年。）

Flood, R. and E. R. Carson (1993), *Dealing with Complexity: An
Introduction to the Theory and Application of Systems Science*,
2nd ed., Springer.

Galbraith, J. R. (1973), *Designing Complex Organizations*, Addison-
Wesley. （梅津祐良訳『横断組織の設計：マトリックス組織の調整
機能と効果的運用』ダイヤモンド社，1980 年。）

Galbraith, J. R. (1977), *Organization Design*, Addison-Wesley.

Gartner (2017), Gartner ホームページ（2022 年 12 月 10 日閲覧）
https://www.gartner.co.jp/ja/research/methodologies/
gartner-hype-cycle

Gorry, G. A. and M. S. Scott Morton (1971), "A Framework for
Management Information Systems," *Sloan Management Review*, 13
(1), pp. 55-70.

Gyamfi, A. and I. Williams eds. (2018), *Evaluating Media Richness
in Organizational Learning*, IGI Blobal.

Hammer, M. and J. Champy (1993), *Reengineering the Corporation: A Manifesto for Business Revolution*, Harper Business. (野中郁次郎監訳『リエンジニアリング革命：企業を根本から変える業務革新』日本経済新聞社，1993年。)

Hammond, J. S., R. L. Keeney, and H. Raiffa (1998), *Smart Choices: A Practical Guide to Making Better Decisions*, Harvard Business Review Press. (小林龍司訳『意思決定アプローチ：分析と決断』ダイヤモンド社，1999年。)

Harrison, L. D. (1997), *Media Use and Performance in Air Force Organizations: Testing the Value of Media Richness Theory*, BiblioScholar, 2012).

Harvard Business Review Anthology (2006), *Sciences of Decision-Making*, Harvard Business School Press. (DIAMOND ハーバード・ビジネス・レビュー編集部編訳『意思決定のサイエンス』ダイヤモンド社，2007年。)

Hatch, M. J. (with A. L. Cunliffe) (2013), *Organization Theory: Modern, Symbolic and Postmodern Perspectives*, 3rd ed, Oxford University Press. (大月博司・日野健太・山口善昭訳『Hatch 組織論：3つのパースペクティブ』同文舘出版，2017年。)

Holling, C. S. (2001), "Understanding the Complexity of Economic, Ecological, and Social Systems," *Ecosystems*, 4(5), pp. 390–405.

Iyengar, S. (2010), *The Art of Choosing*, Twelve. (櫻井祐子訳『選択の科学：コロンビア大学ビジネススクール特別講義』文藝春秋，2010年。)

Jackson, M. C. (2003), *Systems Thinking: Creative Holism for Managers*, John Wiley & Sons.

Jarzabkowski, P. (2005), *Strategy as Practice: An Activity-Based Approach*, SAGE Publications.

Johnson, G., A. Langley, and L. Melin et al. (2007), *Strategy as Practice: Research Directions and Resources*, Cambridge University Press. (高橋正泰監訳，宇田川元一・高井俊次・間嶋崇

他訳『実践としての戦略：新たなパースペクティブの展開』文眞堂，2012 年。）

Johnson, G., L. Melin, and R. Whittington (2003), "Micro Strategy and Strategizing: Towards an Activity-Based View," *Journal of Management Studies*, 40 (1), pp. 3–22.

Keen, P. G. W. and M. S. Scott Morton (1978), *Decision Support Systems: An Organizational Perspective*, Addison-Wesley.

Kijima, K. ed. (2014), *Service Systems Science*, Translational Systems Sciences Book Series, 2, Springer.

Kijima, K. (2015), "Translational and Trans-Disciplinary Approach to Service Systems," In K. Kijima ed. *Service Systems Science*, Springer, pp. 37–54.

Kijima, K., M. Toivonen, and S. Ruutu (2016), "Service Ecosystems Innovation in Systemic Perspective: Transitions and Coevolutions," In M. Toivonen ed., *Service Innovation: Novel Ways of Creating Value in Actor Systems*, Springer, pp. 51–67.

Klir, G. J. (2001), *Facets of Systems Science*, 2nd ed., Kluwer Academic/Plenum Press.

Latour, B. (1991), "Technology is Society Made Durable," In J. Law ed., *A Sociology of Monsters: Essays on Power, Technology and Domination*, Routledge, pp. 103–131.

Leavitt, H. J. and T. L. Whisler (1958), "Management in the 1980's," *Harvard Business Review*, 36 (6), pp. 41–48.

Lewis, J. D. and A. Weigert (1985), "Trust as a Social Reality," *Social Forces*, 63 (4), pp. 967–985.

Loorbach, D. (2010), "Transition Management for Sustainable Development: A Prescriptive, Complexity-Based Governance Framework," *Governance*, 23 (1), pp. 161–183.

Lusch, R. F. and S. L. Vargo (2014), *Service-Dominant Logic: Premises, Perspectives, Possibilities*, Cambridge University Press, （井上崇通監訳，庄司真人・田口尚史訳『サービス・ドミナント・

ロジックの発想と応用』同文舘出版，2016年。）

Maglio, P. P., C. A. Kieliszewski, and J. C. Spohrer eds. (2010), *Handbook of Service Science* (Service Science: Research and Innovations in the Service Economy), Springer. （日高一義監訳，IBM東京基礎研究所サービスサイエンスハンドブック翻訳チーム訳『サービスサイエンスハンドブック』東京電機大学出版局，2014年。）

March, J. G. and H. A. Simon (1958), *Organizations*, John Wiley & Sons. （土屋守章訳『オーガニゼーションズ』ダイヤモンド社，1977年。）

Markus, M. L. (1994), "Electronic Mail as the Medium of Managerial Choice," *Organization Science*, 5 (4), pp. 502–527.

Maruyama. M. (1963), "The Second Cybernetics: Deviation-Amplifying Mutual Causal Processes," *American Scientist*, 51 (2), pp. 164–179.

Meadows, D. H., D. Wright eds. (2008), *Thinking in Systems: A Primer*, Chelsea Green Publishing Company. （枝廣淳子訳『世界はシステムで動く：今起きていることの本質をつかむ考え方』英治出版，2015年。）

Miller, J. G. (1978) *Living Systems*, McGraw-Hill.

Miser, H. J. and E. S. Quade eds. (1985) *Handbook of Systems Analysis: Overview of Use, Procedures, Applications and Practice*, 1, John Wiley & Sons.

Myers, C. A. ed. (1967), *The Impact of Computers on Management*, MIT Press. （高宮晋・石原善太郎訳『コンピュータ革命：経営管理への衝撃』日本経営出版会，1969年。）

Neeley, T. (2021), *Remote Work Revolution: Succeeding from Anywhere*, Harper Business. （山本泉訳『リモートワーク・マネジメント：距離と孤独を乗り越える強いチームづくり』アルク，2021年。）

Nonaka, I. and H. Takeuchi (1995), *The Knowledge-Creating Company: How Japanese Companies Create the Dynamics of*

Innovation, Oxford University Press.（梅本勝博訳『知識創造企業』東洋経済新報社，1996年。）

Nonaka, I. and H. Takeuchi（2019），*The Wise Company: How Companies Create Continuous Innovation*, Oxford University Press.（黒輪篤嗣訳『ワイズ・カンパニー：知識創造から知識実践への新しいモデル』東洋経済新報社，2020年。）

Nunamaker, J. F., Jr., L. M. Applegate, and B. R. Konsynski（1987），"Facilitating Group Creativity: Experience with a Group Decision Support System," *Journal of Management Information Systems*, 3 (4), pp. 5-19.

Orlikowski, W. J.（2000），"Using Technology and Constituting Structures: A Practice Lens for Studying Technology in Organizations," *Organization Science*, 11(4), pp. 404-428.

Orr, J. E.（1996），*Talking about Machines: An Ethnography of Modern Job*, Cornell University Press.

Parasuraman, A., V. A. Zeithaml, and L. L. Berry（1985），"A Conceptual Model of Service Quality and Its Implications for Future Research," *Journal of Marketing*, 49(4), pp.41-50.

Perrow, C.（1967），"A Framework for the Comparative Analysis of Organizations," *American Sociological Review*, 32(2), pp. 194-208.

Porter, M. E.（1980），*Competitive Strategy: Techniques for Analyzing Industries and Competitors*, Free Press.（土岐坤・中辻萬冶・服部照夫訳『競争の戦略』ダイヤモンド社，1982年。）

Porter, M. E.（1985），*Competitive Advantage: Creating and Sustaining Superior Performance*, Free Press.（土岐坤・中辻萬冶・小野寺武夫訳『競争優位の戦略：いかに高業績を持続させるか』ダイヤモンド社，1985年。）

Porter, M. E.（2001），"Strategy and the Internet," *Harvard Business Review*, 79(3), pp. 62-78.（藤川佳則監訳，沢崎冬日訳「戦略の本質は変わらない：インターネットでいかに優位性を実現するか」『DAIAMONDハーバード・ビジネス・レビュー』26(5)，2001年，

52-77 頁。)

Porter, M. E. and J. E. Heppelmann (2014), "How Smart, Connected Products are Transforming Competition," *Harvard Business Review*, 92(11), pp. 64-88.（有賀裕子訳「『接続機能を持つスマート製品』が変える IoT 時代の競争戦略」『DIAMOND ハーバード・ビジネス・レビュー』40(4)，2015 年，38-69 頁。)

Pugh, D. S. and D. J. Hickson eds. (1976), *Organizational Structure in Its Context: The Aston Programme I*, Saxon House.

Rogers, E. M. (1986), *Communication Technology: The New Media in Society*, Free Press.

Rogers, E. M. and R. A. Rogers (1976), *Communication in Organization*, Free Press.（宇野善康・浜田とも子訳『組織コミュニケーション学入門：心理学的アプローチからシステム論的アプローチへ』ブレーン出版，1985 年。)

Sætre, A. S., J. Sørnes, and L. D. Browning et al. (2007), "Enacting Media Use in Organizations," *Journal of Information, Information Technology, and Organizations*, 2, pp. 133-158.

Senge, P. M. (1990), *The Fifth Discipline: The Art and Practice of the Learning Organization*, Doubleday Business.（守部信之訳『最強組織の法則：新時代のチームワークとは何か』徳間書店，1995 年。)

Shannon, C. E. and W. Weaver (1949) *The Mathematical Theory of Communication*, University of Illinois Press.

Simon, H. A. (1957), *Administrative Behavior: A Study of Decision-Making Processes in Administrative Organization*, Macmillan.（松田武彦・高柳暁・二村敏子訳『経営行動』ダイヤモンド社，1965 年。)

Simon, H. A. (1996), *The Sciences of the Artificial*, 3rd ed. MIT Press.（稲葉元吉・吉原英樹訳『システムの科学（第 3 版)』パーソナルメディア，1999 年。)

Simon, H. A. (1997), *Administrative Behavior: A Study of*

Decision-Making Process in Administrative Organizations, 4th ed., Free Press.（二村敏子・桑田耕太郎・高尾義明他訳『経営行動：経営組織における意思決定過程の研究（新版）』ダイヤモンド社，2009年。）

Soe, L. L. and M. L. Markus（1993），"Technological or Social Utility? Unraveling Explanations of Email, Vmail, and Fax Use," *The Information Society*, 9 (3), pp. 213-236.

Spohrer, J., M. Gregory, and G. Ren（2010），"The Cambridge-IBM SSME White Paper Revisited," In P. P. Maglio, C. A. Kieliszewski, and J. C. Spohrer eds., *Handbook of Service Science*, Springer, pp. 677-706.

Sproull, L. and S. Kiesler［1992］，*Connections: New Ways of Working in the Networked Organization*, MIT Press.（加藤丈夫訳『コネクションズ：電子ネットワークで変わる社会』アスキー，1993年。）

Stolterman, E. and A. C. Fors（2004），"Information Technology and the Good Life," *Information Systems Research*, Springer, pp. 687-692.

Thompson, J. D.（1967），*Organizations in Action: Social Scienc Bases of Administrative Theory*, McGraw-Hill.（高宮晋監訳，鎌田伸一・新田義則・二宮豊志訳『オーガニゼーション・イン・アクション：管理理論の社会科学的基礎』同文舘出版，1987年。）

Vargo, S. L. and R. F. Lusch eds.（2018），*The SAGE Handbook of Service-Dominant Logic*, SAGE Publications.

Watts, D. J. and S. H. Strogatz（1998），"Collective Dynamics of 'Small - World' Networks," *Nature*, 393, pp. 440-442.

Weick, K. E.（1979），*The Social Psychology of Organizing*, 2nd ed., McGraw-Hill.（遠田雄志訳『組織化の社会心理学』文眞堂，1997年。）

Weick, K. E.（1990），"Technology as Equivoque: Sensemaking in New Technologies," In P. S. Goodman, L. S. Sproull, and Associates,

Technology and Organizations, Jossey-Bass, pp. 1–44.

Weick, K. E.（1995）, *Sensemaking in Organizations*, SAGE.（遠田
雄志・西本直人訳『センスメーキングインオーガニゼーションズ』
文眞堂, 2001 年。）

Wiener, N.（1961）, *Cybernetics: Or, Control and Communication in
the Animal and the Machine*, 2nd ed., MIT Press.（池原止戈夫・彌
永昌吉・室賀三郎他訳『サイバネティックス：動物と機械における
制御と通信』岩波文庫, 岩波書店, 2011 年。）

Wiseman, C.（1985）, *Strategy and Computers: Information Systems
as Competitive Weapons*, Dow Jones-Irwin.

Woodward, J.（1965）, *Industrial Organizations: Theory and
Practice*, Oxford University Press.（矢島鈞次・中村壽雄訳『新しい
企業組織：原点回帰の経営学』日本能率協会, 1970 年。）

Zuboff, S.（1988）, *In the Age of the Smart Machine: The Future of
Work and Power*, Basic Books.

◉ 日本語文献 ◉

今井賢一・金子郁容（1988）,『ネットワーク組織論』岩波書店。

大月博司・高橋正泰・山口善昭（2008）,『経営学：理論と体系（第 3
版）』同文舘出版。

岡田正大（2001）,「ポーター VS バーニー競争の構図：RBV の可能
性」『DIAMOND ハーバード・ビジネス・レビュー』26(5), 88–92
頁。

加護野忠男（1980）,『経営組織の環境適応』白桃書房。

狩俣正雄（1992）,『組織のコミュニケーション論』中央経済社。

川越敏司（2020）,『意思決定の科学：なぜ, それを選ぶのか』ブルー
バックス, 講談社。

木嶋恭一（2017）,「複雑性と意思決定」宮崎久美子編著『技術経営の
考え方（新訂）』放送大学教育振興会, 102–120 頁。

木嶋恭一・岸眞理子編著（2019）,『経営情報学入門』放送大学教育振

　興会。

木嶋恭一・中條尚子編著（2007），『ホリスティック・クリエイティ
　ブ・マネジメント：21世紀COEプログラムエージェントベース社
　会システム科学の創出』丸善。

木嶋恭一・出口弘編著（1997），『決定するシステム』システム知の探
　求1，日科技連出版社。

岸眞理子（2014），『メディア・リッチネス理論の再構想』中央経済社。

岸眞理子・相原憲一編著（2004），『情報技術を活かす組織能力：ITケ
　イパビリティの事例研究』中央経済社。

坂下昭宣（2014），『経営学への招待（新装版）』白桃書房。

高橋真吾・後藤裕介・大堀耕太郎（2022），『社会システムモデリン
　グ』共立出版。

高橋正泰（2010），「パラダイム・シフト，ディスコース，そしてス
　トーリーテリング：知のコミュニケーションへ」『明治大学社会科学
　研究所紀要』49(1)，1-27頁。

武山政直（2017），『サービスデザインの教科書：共創するビジネスの
　つくりかた』NTT出版

寺本義也（1990），『ネットワーク・パワー：解釈と構造』NTT出版。

内閣府資料（2022年12月10日閲覧）
　　https://www.meti.go.jp/shingikai/economy/mirai_jinzai/pdf/005_
　　s02_00.pdf

西﨑一郎（2017），『意思決定の数理：最適な案を選択するための理論
　と手法』森北出版。

根来龍之（2019），『集中講義デジタル戦略：テクノロジーバトルのフ
　レームワーク』日経BP。

野村総合研究所（2022年12月10日閲覧）
　　https://www.nri.com/-/media/Corporate/jp/Files/PDF/news/
　　newsrelease/cc/2015/151202_1.pdf

宮川公男（2010），『意思決定論：基礎とアプローチ（新版）』中央経
　済社。

茂木健一郎（2006），『クオリア入門：心が脳を感じるとき』ちくま学

芸文庫，筑摩書房。

吉見俊哉（2004），『メディア文化論：メディアを学ぶ人のための 15 話』有斐閣。

索　引

●人名索引●

●事項索引●

256

著者紹介　　木嶋 恭一（きじま きょういち）
　　　　　　　東京工業大学名誉教授

　　　　　　岸 眞理子（きし まりこ）
　　　　　　　法政大学経営学部教授

【有斐閣アルマ】

経営情報学——理論と現象をつなぐ論理
Information Systems Management

2023 年 3 月 18 日　初版第 1 刷発行

著　者　　木嶋恭一，岸眞理子
発行者　　江草貞治
発行所　　株式会社有斐閣
　　　　　〒101-0051 東京都千代田区神田神保町 2-17
　　　　　https://www.yuhikaku.co.jp/
装　丁　　デザイン集合ゼブラ＋坂井哲也
組　版　　田中あゆみ
印　刷　　株式会社理想社
製　本　　牧製本印刷株式会社
装丁印刷　株式会社亨有堂印刷所

落丁・乱丁本はお取替えいたします。定価はカバーに表示してあります。
©2023, Kijima Kyoichi and Kishi Mariko.
Printed in Japan. ISBN 978-4-641-22208-3

本書のコピー，スキャン，デジタル化等の無断複製は著作権法上での例外を除き禁じられています。本書を代行業者等の第三者に依頼してスキャンやデジタル化することは，たとえ個人や家庭内の利用でも著作権法違反です。

[JCOPY] 本書の無断複写（コピー）は，著作権法上での例外を除き，禁じられています。複写される場合は，そのつど事前に，（一社）出版者著作権管理機構（電話03-5244-5088, FAX 03-5244-5089, e-mail:info@jcopy.or.jp）の許諾を得てください。